Fritz Hoeber
Griechische Vasen

SEVERUS

Hoeber, Fritz: Griechische Vasen
Hamburg, SEVERUS Verlag 2014
Nachdruck der Originalausgabe von 1909

ISBN: 978-3-86347-782-0
Druck: SEVERUS Verlag, Hamburg, 2014

Der SEVERUS Verlag ist ein Imprint der Diplomica Verlag GmbH.

Bibliografische Information der Deutschen Nationalbibliothek:
Die Deutsche Nationalbibliothek verzeichnet diese Publikation in der Deutschen Nationalbibliografie; detaillierte bibliografische Daten sind im Internet über http://dnb.d-nb.de abrufbar.

© **SEVERUS Verlag**
http://www.severus-verlag.de, Hamburg 2014
Printed in Germany
Alle Rechte vorbehalten.

Der SEVERUS Verlag übernimmt keine juristische Verantwortung oder irgendeine Haftung für evtl. fehlerhafte Angaben und deren Folgen.

GRIECHISCHE VASEN

von

D̲R̲ FRITZ HOEBER

Mit 78 Abbildungen nach Vasengemälden und Gefässformen,
darunter 4 Farbentafeln

GRIECHISCHE VASEN

Koordination und Orthogonalität bilden die Hauptbegriffe zur Charakteristik des klassischen Hellas. Man findet sie am Parthenon so gut wie bei Polyklet oder bei Polygnot oder bei Homer oder in der attischen Tragödie oder in der sokratischen Dialektik.

Nebeneinanderordnung und Geradwinkligkeit sind die vorzüglichsten Eigenschaften der klassischen griechischen Kunst. Die dorische Säule stösst mit ihrem schwer wuchtenden Gebälk hart und ganz unvermittelt aufeinander. Keine runde Archivolte, kein mählich von der Senkrechten in die Wagerechte übergehender Bogen führt die Richtungsdissonanzen zu sänftiglicher Harmonie in eins. Und dieser gefühlvolle Bogen, das rechte Symbol für die aller Rauheit bare Renaissance Rafaels, fasst die nebeneinander geordneten Säulen auch nicht in einer monarchischen Spitze zusammen. Gleichwertig stehen sie da, der eine Nachbar kümmert sich nicht um den anderen. Ihre Distanzen sind gleich.*) Eine dorische Säulenversammlung bildet nur eine Reihe, keinen Rhythmus, kein wechselvolles Fluten zu der alles beherrschenden Mitte hin.

Was wir von Antike empfinden, hat seinen Weg durch die Renaissance genommen, deren Kinder wir künstlerisch leider

---

*) An diesem Satze über die dorische Gleichheit der Interkolumnien sei deshalb mit Entschiedenheit festgehalten wegen seiner hervorragend allgemeinen Bedeutung als Prinzip für den Gesamt- und Grundcharakter spezifisch hellenischer Architektur. Aber gewiss kommen schon in früher Zeit Ausnahmen vor, und für die dorischen Tempelbauten Grossgriechenlands bilden sie geradezu die individuelle Regel: Dass hier mit einer bewussten künstlerischen Absicht die Zwischenräume der Säulenreihe quantitativ zugunsten einer Mittelachse differenziert wurden, mag man aus dem fundamentalen Werk von R. Koldewey und Otto Puchstein, Die griechischen Tempel in Unteritalien und Sizilien, Berlin 1899, ersehen.

fast noch ausschliesslich sind. Die hellenische Tempelarchitektur wird uns durch Rafael übermittelt, durch Palladio, Pierre Lescot und Carl Friedrich Schinkel. Diese bedeuten das absolute Gegenteil von Hellas, Subordination und Zyklogonalität, Rundwinkligkeit. Sie vermitteln in allem und jedem. Es gibt kein schroffes Nebeneinander mehr, und der Übergang ist die durchgehende Regel. Wenn wir uns eine jener breitgestreckten Schinkelschen Fassaden betrachten, so ist da eine primär dominierende Mitte, von der zwei sekundäre Achsen abhängig sind, die ihrerseits wiederum vier weitere Teilungen absolut bedingen usf., eine monarchische Zentralisation, wie sie auch nicht vollkommener Napoleon in seiner Politik fertigbringen konnte.

Aber mit Griechentum hat dieses stosslose Aufgehen in wohlgeordneter Spiegelbildsymmetrie auch nichts zu tun.

Man denkt immer noch nicht genügend an das beträchtliche Stück ganz ungezügelter Wildheit und „gesunder" Barbarei, die allem echt Griechischen anhaftet, an den dionysischen Teil in der griechischen Kunst, um etwa mit Nietzsches Gemeinausdrücken zu sprechen, oder an die rauhe Orthogonalität, wie wir jenes Nichtglattaufgehende architektonisch bezeichnet haben. Für die immer noch nicht ausgestorbenen Renaissancehellenen hat eben Nietzsche seine dithyrambische Philosophie vergebens gepredigt, hat der ideale Wilamowitz vergebens literatur- und kulturhistorisch die positive Begründung dazu erbracht und hat das realistische Genie Adolf Furtwänglers seine umwälzenden Entdeckungen vergebens entdeckt.

Hätte nicht z. B. Furtwänglers letzte Grosstat, die richtige, echt griechische Aufstellung der einst polychromen Giebelskulpturen vom aiginetischen Heiligtum der „schönen" Aphaia in der Münchener Glyptothek, jene roh verknäulte barbarische Aufstellung, die so gar nicht Rücksicht nimmt auf das lockere Klassizistenideal eines zärtlichen Ineinandergehens der einzelnen Figurenkonturen, den trockenen Thorwaldsenklassizismus endgültig in den Orkus befördern müssen? Und doch, sie hat es leider nicht getan, und es ist überhaupt unwahrscheinlich, dass der im Gefühl eines sehr grossen Publikums fest eingewurzelte Klassizismus durch die an einen kleinen Kreis von Facharchäologen sich wendende intellektuelle Wissenschaft besiegt wird, wenn nicht die Kunst der Wissenschaft zu Hilfe kommt. Die Kunst, von der Taine sagt, dass sie zugleich e r h a b e n und v o l k s t ü m l i c h ist, das **Höchste** offenbart und es **für alle** offenbart. Wir können sicher sein, dass **farbige Kunstwerke**, wie die eminent persönlich hellenischen Hugo von Hofmannsthals oder wie die gänzlich unabhängigen baukünstlerischen Paraphrasen des Architekten Peter Behrens, das fade Grillparzerisch-Canovasche Pseudohellenenideal tot machen werden, heute wohl noch nicht, aber gewiss morgen.

Nun darf man sich jedoch keineswegs seine Ansicht über den Kolorismus griechischer Kunst nach modernem, durch die reife Renaissance Tizians vielleicht bestimmtem Farbensinne bilden. Zarte, ineinander übergehende Mitteltöne sind hier nicht zu fordern. Die griechischen Farben stehen gleich dorischen Säulen hart nebeneinander, rot, blau, silberweiss in der Hauptsache, so primitiv wie die Farben der Gotik oder unseres bäuerlichen Steinzeugs. Das Fühlen für diese leidenschaftliche Polychromie war allgemein. Nicht nur die Architekturglieder erhalten tektonisch-funktionell dadurch erst die endgültige Fassung, ihre **richtige** Betonung, sondern auch sämtliche Skulptur der guten Zeit war entschieden farbig gedacht und mit allen möglichen Metalldetails montiert: Die Figuren des Parthenonfrieses hoben sich so von blauem Grunde ab. Pferdezäume, Waffen und Geräte waren in Bronze angenietet, und mit Malerei wurde manchem Stück, hauptsächlich wenn es sich in den Hintergrund verlor, nachgeholfen. Und sind nicht die berühmten „chryselephantinen" Plastiken z. B. des Pheidias, die goldelfenbeinernen Kolosse des Zeus und der Athena in Olympia und auf der Akropolis, durchaus polychrome Gedanken?

Die Überzeugung von der durchgängigen und leidenschaftlichen Farbigkeit aller griechischen Kunst, zu der sich die Wissenschaft der letzten Jahre allmählich durchgerungen, hat nun eine Reaktion gegen den gipsbleichen Klassizismus hervorgerufen, die als Reaktion natürlich über ihr Ziel hinausschoss. Man hatte so plötzlich durch die neuen Tatsachen das „malerische" Element in der griechischen Kunst kennen gelernt, von dem man sich zuvor so gar nichts mochte träumen lassen, dass man die These aufstellte, die Malerei als ästhetisches Prinzip sei in Hellas „die führende Kunst" gewesen. Dem ist nun freilich doch nicht so: Die dionysische Malerei wurde immer weise durch eine apollinische Architektur gezügelt. Und wenn also auch unsere moderne Anschauung von griechischer Kunst ein ganz anderes, gewiss

1. Alttroische Gefässtypen, in Berlin.

mannigfaltigeres Gesicht bekommen hat als die des Klassizismus, so bleiben doch ebenso sicher jene alten grossen a r c h i t e k t o - n i s c h e n Richtlinien zu Rechte bestehen, die einst Johann Joachim Winckelmann in genialer Intuition der hellenischen Ästhetik vorgezogen: S c h l i c h t e E i n f a l t u n d s t i l l e G r ö s s e.

I. Die Vasen des griechischen Altertums.

H i s s a r l i k. Das Älteste, was uns von Vasen aus dem Bereich der späteren griechischen Kultursphäre entgegentritt, ist nicht hellenisch: Heinrich Schliemann fand in der zweituntersten Schicht des Burgberges von Hissarlik, die er irrtümlicherweise für das homerische Troja hielt, ziemlich kugelförmige, noch nicht auf der Drehscheibe hergestellte kleine Gefässe, welche offenbar der älteren Bronzezeit angehören, wie Miniaturidole aussehende „Gesichtsurnen" mit aus Thonstreifen plastisch aufgesetzten Zügen von Menschen oder von Eulen und mit einem durch Brustwarzen und Nabel etwa angedeuteten Körper, sowie grosse Deckelamphoren von einer allgemeineren, primitiv geometrischen Dekoration eingeritzter Zickzack- oder Strichreihen und Hängezierate, die anthropomorph, d. h. nach dem deutlichen Vorbilde menschlichen Halsschmuckes, angeordnet waren. Von typischer Bedeutung für Troja scheint ferner noch eine Art Schnabelkanne gewesen zu sein und der Doppelhenkelbecher, depas amphikypellon bei Homer, und mehrerlei seltsame Zwittergefässe, die dem Gebrauchszwecke nach an unsere Vexierbecher erinnern (Abb. 1).

Kreta und Mykenai. Auch die zeitlich zweite Gattung griechischer Vasen, die kretisch-mykenische oder besser ihrer weiten geographischen Verbreitung halber ägäisch bezeichnete, — die Griechen selbst nannten sie pelasgisch — ist durchaus noch nicht hellenisch, sondern westasiatisch, speziell dem Südosten des Mittelmeerbeckens entstammend. Sie ist e i n e Kunst der homerischen Epen, der nach Dörpfeld sechsten (zweitobersten) Stadtschicht, und steht in schroffstem Gegensatz zu der troischphrygischen Primitivität des eigentlichen Hissarlik. Zwischen beiden vermittelt die Kykladenkultur, deren originelle Gefässe vor allem auch die merkwürdige Insel Thera (Santorin) lieferte.

2. Altkretische Kamaresvase.

Die hochberühmte Insel Kreta, des weisen Richterkönigs Minos Reich, dessen glänzende Kultur erst neuerdings in den pompösen Palasttrümmern von Knossos und Phaistos, in Gortyn, in der Nekropole von Hagia Triada, durch den Eifer des englischen Archäologen Evans und durch die italienischen Ausgrabungen unter Halbherr wieder ans Licht trat, hat in ihrer Keramik vor diesen Inselgefässen den entwicklungsgeschichtlich äusserst bedeutsamen Fortschritt der hier entdeckten und reich angewandten Firnisfarbe, des schier einzigen Malmaterials der gesamten griechischen Vasenkunst, voraus. Diese kretischen, nach ihrem Fundorte Kamäresvasen genannten mittelgrossen Gefässe interessieren durch aparte spiralige Zeichnungselemente, die in mattem Weiss, Rot und Orangegelb auf den Überzug eines schwarzbraunen Glanzfirnisses aufgesetzt sind (Abb. 2) und

3a. Mykenische Vase, Bügelkanne aus Jalysos auf Rhodos.

die man sich sachlich nur aus den Berufseindrücken eines leichtlebigen S e e f a h r e r volks erklären kann, das überall hin, zu Ägypten und Assyrien, Tauschbeziehungen anknüpft, das ein bequemes und luxuriöses Haremsleben führt und die edlen Metalle, Gold Silber und Bronze, sehr liebt und äusserst geschmackkultiviert zu verarbeiten weiss. Neben den Kamaresvasen findet sich in Kreta die m a l e r i s c h   l o c k e r e Dekoration der Gefässe mit allerlei Blumen, den nahezu symbolischen gestengelten weissen Lilien zum Beispiel.

Die Hauptfundstätten der m y k e n i s c h e n   V a s e n, der Evolution des kretischen Stils, sind die Atreidenburgen von Tiryns und Mykenai in der Argolis, wiewohl sie auch sonst noch häufig genug in verschiedenen „pelasgischen" Ruinen Attikas, im boiotischen Orchomenos, in Lakonien und hauptsächlich in Ialysos auf Rhodos auftreten. Von grösster Bedeutung ist ferner der rege Export mykenischer Thonware nach Ägypten zu Zeiten des Pharao Amenophis IV. (1375—1350 v. Chr.) auch zur Erklärung der vielen orientalischen Einwirkungen gewesen.

Die so produktive achaische Dynastenkultur besass in noch weit höherem Masse als Kreta einen ausgesprochen metallistischen Charakter, wovon jene Goldbecher mit dem wildbewegten Fang

3b. Mykenische Vase, Trinkgefäss aus Jalysos auf Rhodos.

von Stieren, die Golddiademe und die bewunderungswürdigen eingelegten Dolchklingen mit Löwenjagden bekanntes Zeugnis ablegen. Auch die eigentliche Keramik zeigt in den flüssigen Konturen ihres schlanken Aufbaus wie in ihrer erst in der zweiten Stilhälfte mit G l a n z f i r n i s aufgemalten Ornamentik dieselbe Metallempfindung. Meist zweihenkelig, sind diese mykenischen Thongefässe jetzt natürlich durchweg auf der Töpferscheibe gearbeitet. Neben den beliebten, hier mit deutlich architektonischer Tendenz funktionierenden Horizontalstreifen weisen sie zum ersten Male die Volutenspirale und den Wellenfries des „laufenden Hundes" auf; dann für das Seefahrergewerbe höchst charakteristische Motive: Meereswogen, Fische, Seesterne, Quallen und Polypen, Purpurschnecken und allerlei Muscheln und den vor sämtlichem andern Zierat beliebtesten Tintenfisch mit seinen funkelnden Glotzaugen und den riesig sich ausschlängelnden Fangarmen. Die analoge maritime Weise eignet dem botanischen Dekor, der sich aus lang hingezogenen Wasserpflanzen, Blättchenzweigen und Ranken, ferner aus Motiven des Palmbaums und der Lilie rekrutiert. Mit diesen etlichen Mitteln zaubern die altmykenischen Vasenmaler die herrlichsten Tiefseebilder auf den weissgelben Pfeifenthon ihrer Vasen. Sie machen den Eindruck

3c. Mykenische Vase, Amphora, aus Jalysos auf Rhodos.

mit raffinierter Unabsichtlichkeit in Silhouettenmanier verzierter Flächen — Mehrfarbigkeit kommt erst in der jüngsten Vasenreihe vor — und sind nach Erich Pernice direkt mit japanischer Raumkunst verwandt (Abb. 3 a—c).

Die beiden charakteristischsten der 122 verschiedenen Vasenformen des späteren Mykenai sind das schlanke Trinkgefäss, das man mit einem Champagnerglas vergleichen kann, und die kugelrunde, henkelüberspannte Bügelkanne.

Die figürliche Dekoration scheint auf den Thongefässen, im Gegensatze zu den grossen kretischen Palastfresken und den erwähnten mykenischen Tauschierarbeiten, nur einen kleineren und dann den spätesten Teil unter der übrigen Dekoration einzunehmen. Eine Vase im Athener Polytechnion mit dem Zug ausziehender Krieger, die einer wie der andere hintereinander schabloniert sind mit langen Nasen, mit Augen, die, trotzdem die Köpfe im schärfsten Profil gegeben sind, mandelförmig en face gesehen sind, in rindslederner Rüstung und mit den 8-förmigen achaischen Schilden, leitet schon zum geometrischen Stil über.

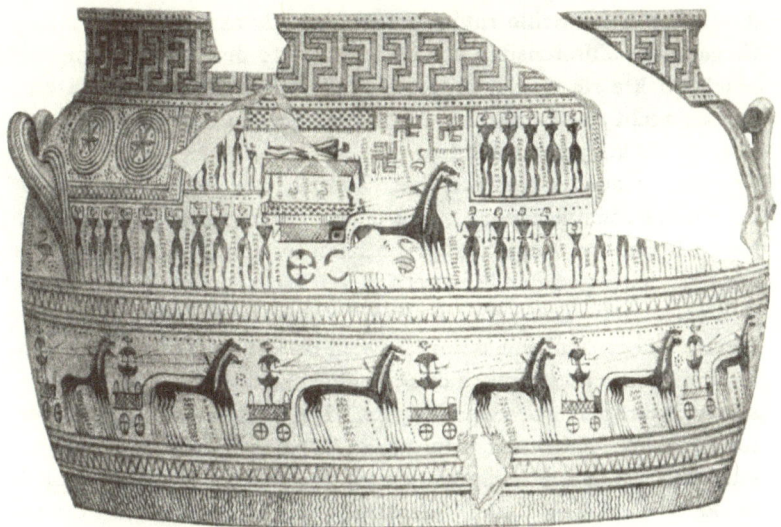

4. Oberteil einer jüngeren geometrischen Bestattungsamphora mit Totenaufbahrung und Wagenzügen, aus Athen.

> Avec ma lance et mon épée, je laboure et je moisonne. C'est moi qui suis le maître de la maison. L'homme désarmé tombe à mes genoux et m'appelle Seigneur et Grand-Roi.
> Gustave Flaubert. Salammbô.

Die geometrischen Vasen. Die höfische Kultur von Mykenai hat nicht lange gedauert. Zu Beginn des ersten vorchristlichen Jahrtausends unserer Zeitrechnung rückten vom Norden der Balkanhalbinsel rohere, unverbrauchtere Volksstämme in den Peloponnes und bereiteten der weichlichen, zum grössten Teil semitischen, zum geringeren arischen Pelasgerherrlichkeit ein Ende mit Schrecken. Die künstlerische Kultur, die sich auch wieder anschaulich in den mächtig gebauten Gefässen des neuen „geometrischen Stils" abspiegelt, bedeutet den entschiedensten Rückschritt gegenüber jener älteren, hochvollendeten Bildung, ein Zurückgreifen schlechthin auf die Inkunabeln der indogermanischen Bronzezeit. Man darf deshalb nicht denken, diese Kunst sei eine neue Erfindung aus der Epoche der Wanderungen gewesen. Gerade als dauerndes Erbstück aus der Zeit, als alle indogermanischen Einzelstämme noch vereinigt waren, hatte sie wie eine Art schlichter Bauernkunst unter der mykenischen Kulturschicht ihr Leben in der Stille ruhig fortgelebt. Als nun die vermorschte Eleganz der Fürstensitze vor dem Schwerte des Dorers daniederbrach, rückte sie wieder an erste Stelle, in all ihrer harten Derbheit so recht dazu angetan, die Kunst der schwarzen Suppe des eisernen Lykurgos zu werden.

Der geometrische Stil hat, ähnlich wie der ihm wesensverwandte romanische Stil, eine Fülle provinzieller Verschiedenheiten in seinem Aussehen, je nachdem er mit bedeutenden oder geringeren Resten der künstlerisch reicheren mykenischen Weise sich verbindet. Das ganze Festland, Attika und Boiotien, und die Inseln, Thera, sind von seiner l o k a l d i f f e r e n z i e r t e n Produktion überschwemmt. Seine Hauptfundstätte aber ist die klassische Nekropole vor dem Dipylon, dem Doppeltor oder Töpfertor zu Athen, daher auch die ganze Gattung Vasen des Dipylonstils heisst. Die hier ausgegrabenen, oft bis zu 2 m hohen, doppelhenkeligen Krater sind hieratisch architektonisierte Luxusgefässe, die, wenn sie kleiner, als Grabbeigabe mit dem Toten zusammen bestattet wurden oder, wenn sie grösser, gleich der späteren Stele den Grabhügel krönten (Abb. 4).

Die geometrischen Vasen zeigen auf feinem, blassgelbem Thongrunde in dunkelbraun glänzender Firnisfarbe abwechselnd breite und schmale Horizontalstreifungen, die, meist durch dreifache Linienbänder abgeteilt, mit Zickzacken und Mäandern, mit Friesen aus kleinen, durch schräge Tangenten verbundenen Kreisen, mit Rauten- oder Schachbrettmusterungen ausgefüllt sind. Was noch von Raum übrig bleibt, erhält als Füllsel Hackenkreuze und von konzentrischen Ringen umgebene Sterne, das chiastisch gestellte „Vierblatt" oder delikate Punktrosetten, alles in einer r e i n l i n e a r e n Zeichenmanier, die Gottfried Sempers materialistische Theorie sich als von den Techniken des Webens, Korbflechtens oder Kerbschnitzens abgeleitet erklärt.

Auch Menschendarstellungen kommen in der zweiten Periode des Dipylonstils schon vor, Körperlein wie die Ameisen geometrisiert mit dreieckigen Rümpfen, Vogelköpfen und fadenmässigen Gliedmassen. Die Geschlechter unterscheiden sich auf drastische Manier derart, dass die nackten Männer ein kurzes Schwert in der Taille gleichsam durchgesteckt zeigen, während die ebenfalls unbekleideten Weiblein mit ihren scharf symmetrisch abstehenden Brüsten augenscheinlich ägyptische Frauendarstellungen nachahmen. Diese Figürchen werden zu den grossartigsten Kompositionen geordnet: Seeschlachten bringen gewaltige Kriegsschiffe mit dem stattlichen Rammsporn am hohen Vorderkastell. Die für den Totenkult bestimmten attischen Amphoren geben Bilder heroischer Bestattungsszenen wieder mit einer unsäglichen Ausführlichkeit in der Beschreibung der grossen Aufbahrung, der Kampfgenossen, der vielen Klagefrauen und der beschliessenden agonischen Spiele, wobei man füglich an die in der Ilias geschilderte Leichenfeier denken mag. Endlich weisen diese überlangen Bilderfriese noch Festspiele oder Festchöre auf, Kriegerszenen und Wagenrennen, alles von einer höchst existentiellen und wenig dramatischen Monomanie in dem typischsten Stil, welcher, ein charakteristischer Umstand, noch kein mythologisches Thema zu gestalten unternimmt. Ebenso ist es formal sehr bedeutungsvoll, dass sämtlichen diesen grossen geometrischen Kompositionen das Gesetz der Symmetrie noch durchaus mangelt. Nur eine einzige, gewissermassen zum Ornament erstarrte Szene bildet hier die Ausnahme, die öfter vorkommende Gruppe des Mannes zwischen zwei einander zugekehrten Rossen.

Was sonst noch von Tieren dargestellt ist, gehört prinzipiell der nordischen Fauna an: Rehe, Hirsche und Steinböcke, von Geflügel Störche, Gänse, allerlei Wasservögel, die in bis zu ödester Langeweile sich immer wiederholenden Friesen uns vorgeführt werden, von Haustieren das Rind und, wie gesagt, das Pferd, das auf der Weide grasend oder an seiner Krippe festgebunden erscheint oder das in grosser Mehrzahl in vielen Horizontalstreifen hinter- und untereinander gereiht wird.

II. Die Vasen des griechischen Mittelalters und der Interessenkampf zwischen ionischer und dorischer Rasse.

Der Krieg ist der Vater aller Dinge.
Herakleitos von Ephesos.

Der Oxforder Essayist Walter Pater unterscheidet zwei sich widerstrebende Gefühlstendenzen im gesamten griechischen Kulturleben, die zentripetale dorische und die zentrifugale ionische Tendenz. Das dorische Ideal verkörpert sich ihm in Platon und der Lehre von der Ruhe und Einheit, das ionische in Herakleitos und in der Lehre von der ewigen Be-

16 Die orientalisierende Vasenmalerei

5. Jüngere Vasen von Kypros.

wegung und der Vielheit. Beide miteinander kämpfenden Richtungen lösen sich gewissermassen periodisch ab. Das bunte — die Farbe, poikilia, ist für die ionische Kunst so charakteristisch, wie für die dorische die philosophisch-abstrakte Farblosigkeit — und mannigfaltige Genus asiaticum wird durch die agäische Kunst von Kreta und Mykenai repräsentiert. Hierauf folgt als schriller Gegensatz die mönchisch-strenge, durchaus nordisch-europäische Weise des geometrischen Stils, die nun wiederum durch eine legère Kunst sich ablöst, welche d i e ionische in des Wortes ureigentlichstem Gedanken heissen muss.

Die orientalisierende Vasenmalerei der Inseln und der kolonialen Küstenstädte. Es war das siebente vorchristliche Jahrhundert, als die altionischen Städte der kleinasiatischen Westküste und die Inseln zwischen ihr und dem griechischen Kontinent eine Kunstblüte nicht nur in der bildenden Kunst, sondern auch in der Literatur allerherrlichster Art hervortrieben. Diese freien, noch nicht durch den Perser niedergehaltenen, jugendfrohen Kolonen machten sich schon daran, das knapp eroberte Dasein mit eleganten Schönheitsformen auszuschmücken, während sich das Mutterland noch in heissen Verfassungskämpfen mühte, der materiellen Lebensführung durch Staatenbildung die notwendige äussere Konsistenz zu verleihen.

Die Kunst Ioniens ist durchaus weiblich, wie die dorische durchaus männlich ist, in des Geschlechtes wörtlichster wie übertragenster Bedeutung. Die dorische Kunst schliesst sich mit einer herben Selbstgenügsamkeit gegen alle externen, d. i. für Hellas barbarischen Einflüsse ab, indes die ionische Kunst sich den asiatischen Einwirkungen gegenüber derart passiv aufnehmend zeigt, dass sie oft mehr asiatisierend erscheint denn hellenisch und dass man gar nicht weiss, wo das Griechische anfängt und wo der asiatische Einflussstil aufhört. Solch eine Zwischenstufe zwischen Asien und Hellas nimmt die Insel K y p r o s (Cypern) ein. Die anfängliche Abhängigkeit ihrer Keramik von Hissarlik wird besonders durch eine Gruppe breiter Bügelhenkelgefässe illustriert, die mit einer Unmasse kleiner warzenförmiger Ösen bedeckt sind. Die j ü n g e r e, unendlich rezeptive Kunst von Kypros, deren Kulminationspunkt vielleicht im achten Jahrhundert anzunehmen ist, weist, den abwechselnd phönizischen und griechischen Ansiedlern und der zeitweiligen assyrischen Oberherrschaft entsprechend, eine kuriose Stilmischung aus griechischen, phönizischen, assyrischen und sogar ägyptischen Formen auf (Abb. 5). Hier ist das e r s t e Eindringen von Blüte und Knospe der berühmten Lotospflanze aus Ägypten in die griechische Kunst zu verzeichnen. Hier tritt die bilaterale und in Ansätzen auch die zentrale Symmetrie des a s s y r i s c h e n Wappenstils auf. Derselben assyrischen Heimat gehören ja auch noch andere ikonographische Details auf kypriotischen Vasen an, Prunkthrone, auf denen langbeinige Götter hocken, oder die seltsamen Phantasien: zwei aufrechte, gegeneinander zugekehrte Tiere mit Rosetten und Flechtbändern ihrer Länge nach ornamentiert. Total assyrisch sind auch die vom Streitwagen herabzielenden Bogenschützen und andere Szenen nach dem Leben, die Jagd, Seefahrt oder Krieg beschreiben, und die alle mehr oder minder „homerische Darstellungen" sein können. Von Getier geben diese Vasen Europäisches im Verein mit fabelhaften morgenländischen Flügelwesen. Phönicien endlich hat in einer bestimmten Spezies kypriotischer dunkelgrundiger Gefässe ein festes, ganz tektonisches Ornamentsystem zur Geltung gebracht.

*   *   *

Das eine Land für die neue, sehr bunte Kunst Kleinasiens ist die A i o l i s, der nordwestliche Küstenstreif von Smyrna bis

6. Bild vom Innenrande der ionischen Phineusschale aus Vulci, in Würzburg: König Phineus wird durch die Boreassöhne von den Harpyien befreit und Dionysos mit Gefolge.

zum Hellespont. Von hier aus verbreitet sich die freiere f i g ü r -
l i c h e Vasenmalerei nach Euboia, nach Athen, nach Korinth
offenbar über die Inselbrücke der K y k l a d e n hin: Furtwängler
wenigstens hat für die köstliche Würzburger Phineusschale (Abb. 6)
auf den Ursprungsort Naxos geraten, andere plädieren für Teos oder
Amorgos. Die Phineusschale aus der zweiten Hälfte des sechsten
Jahrhunderts erzählt die Geschichte vom Seherkönig Phineus am
Schwarzen Meer, dem vierfach geflügelte Unholdinnen jede
Mahlzeit besudelten. Da kommen die Söhne des Boreas, die
hellen Nordwinde, auf der Argonautenfahrt in jene wetterwen-
dische Gegend und vertreiben die Harpyien, die Gottheiten der
bösen Nebelstürme. Auf der Gegenseite des Schalenrands ergeht
sich in seiner drallen Unanständigkeit das lustige Gefolge des
Gottes Dionysos, die ithyphallischen Silene. — Das andere ionische
Stilgebiet scheint sich um die Stadt M i l e t gruppiert zu haben,
den geistigen Mittelpunkt der Südwestecke Kleinasiens. Abhängig von ihm ist die so äusserst produktive Thonwarenfabrik
von K l a z o m e n a i, die nicht nur Gefässe, sondern auch mächtige
Thonsarkophage (Abb. 7) hervorbrachte, die noch in späterer Zeit
von grosser Bedeutung bei dem Stilwandel des schwarzfigurigen in
den rotfigurigen attischen Stil sein sollten und die griechische
Kunst bis nach Etrurien, einem Hauptabsatzgebiet von Klazomenai, verbreiteten. Diese positiven oder negativen, stets ein-
farbigen Silhouettenzeichnungen der Sarkophage, deren schönste
Exemplare vielleicht das Berliner Antiquarium besitzt, bilden in der
streng symmetrischen Anordnung ihrer Tier- und Menschenmotive
wie in den korrekten Proportionen ihrer Ornamente einen merk-
würdigen architektonischen, abstrakt dekorativen Gegensatz zu
der sonst ja so malerischen, vor allem auch inhaltlich interessierten
ionischen Weise.

Unter Milets Einfluss befindet sich auch R h o d o s, die
dorische Rosenstadt, wo auf den Trümmern des geometrischen
Stils sich in starker Anlehnung an die assyrische Wappensymme-
trie, wie sie die jüngere Keramik des relativ nahen Kypros zur
Vollendung gebracht hatte, eine eigene orientalisierende Lokal-
schule ausbildet. Die rhodischen Gefässe, Kannen (Abb. 8), Amphoren und Teller, haben eine herb präzise, in den Verhältnissen sehr
klare plastische Gliederung, der eine ebenso streng streifenmässige
Zeichendekoration und das konsequent ausgebildete gesamte echt
hellenische System „der funktionserläuternden Schmuckelemente"

7. Thonsarkophag aus Klazomenai, in Berlin.

8. Rhodische Weinkanne aus Kamiros, im Louvre.

von sich strahlenförmig öffnenden Blattkränzen, Tänien und Lotosblumen entspricht. In diesen Stockwerken bewegen sich lange Reihen der üblichen europäisch-morgenländischen Vierfüssler und Vögel wie im trainierten Schulschritt daher, unvergesslich in ihrer knappen, mit Weiss und Rot an bestimmten Stellen gehöhten Silhouettierung. Erst die Spätzeit bringt Abbildungen menschlicher Gestalten: Das berühmteste Denkmal, der Euphorbosteller des British Museum (Abb. 9), zeigt zwei Hopliten mit den ionischen Rundschilden im Nahkampf, Hektor und Menelaos über der Leiche des Dardaner Euphorbos (Ilias XVII. 1—60. 81), in den Zwischenräumen das für Rhodos stereotype Semé von mäanderartigen Hackenkreuzen, Sternen und Blättchenrosetten, die wie grosse Korbblütler aussehen.

Man hat die ziemlich hohen, aber im architektonischen Aufbau plumpen Amphoren der Insel M e l o s als Früchte des gleichen Stammes wie die von Rhodos angesprochen. Denn hier auf Melos erscheint vielleicht am ausgeprägtesten jenes assyrische Element einer g l e i c h m ä s s i g gehaltenen Komposition direkt

9. Euphorbosteller aus Kamiros auf Rhodos, im British Museum.

neben allerlei deutlich geometrischen Rudimenten. Riesige Flügelpferde gleich grossen Sumpfschmetterlingen dienen als Reittiere oder ziehen einen Triumphwagen, auf dem — die frühesten Vertreter einer hellenischen Götterwelt — der Leierspieler Apollon steht, indes ihm seine Schwester Artemis, die Jagdliebende, auf

10. Apollon und Artemis von einem melischen Thongefäss, in Athen.

der Heimkehr entgegentritt (Abb. 10). Oder Zweikämpfer und Reiter ordnen sich symmetrisch um eine zentrale, aus den mykenischen Spiralen zusammengesetzte, wappenähnliche Pflanze.

Die stark kunstgewerblich stilisierten „Phikelluravasen" von S a m o s, wie Milet einer der Bevölkerung nach i o n i s c h e n Kolonie, zeigen neben ihren Silhouettentypen ethnographischen Charakters, wie drolligen Negertänzen u. a., als ständiges ornamentales Leitmotiv einen Fries von ab-

11. Samische Amphora mit Negertanz, in Altenburg i. S.

wechselnd hellen und dunklen, senkrecht gestellten Halbmonden (Abb. 11). Eine weitere ionische Vasenfabrik repräsentiert sich wahrscheinlich in der im Süden der Aiolis gelegenen Seestadt P h o k a i a, deren Hydrien und Amphoren allein im etruskischen Absatzgebiete bei der Stadt Caere (Cervetri) zutage getreten sind. Wegen dieser ausschliesslichen Fundstätte nahm Furtwängler für die Caeretaner Vasen eine autochthone Produktion ionischer Künstler in Etrurien an, was freilich nicht in allem überzeugt. Der Generaleindruck, den diese ionischen Bilder auf uns machen, ist der einer grossen Buntheit und einer durch Stilgesetze wenig gestrafften, höchst malerischen Formengebung. Geradezu mit einem homerischen Erzählertalent scheinen sie das Fabulieren zu verstehen: Da führt man uns die schöne Geschichte vom Parisurteil vor, wie die himmlischen Huldinnen mit Priamus Rex und dem Götterboten an der Spitze in Reih und Glied vor dem königlichen Rinderhirten — und seinen Ochsen — paradieren, in einer breiten malerischen al fresko-Technik auf dunklem Grund, die mit starker Aufsetzung von Weiss und Rot operiert (Abb. 12). Dieser bis zur freiwilligen oder unfreiwilligen Karikatur gesteigerte Wirklichkeitsenthusiasmus Ioniens berichtet auch mit Vorliebe von gefahrvollen Abenteuern, wie sie

12a. Urteil des Paris von einer ionischen Amphora aus Vulci, in München.

sein kauffahrendes Volk über See erlebt hat: Fern da unten an der ägyptischen Küste gibt es einen Menschenfresserkönig Busiris, der alle eintreffenden Fremdlinge am Altar des Zeus schlachtet. Aber eines Tages kommt des Zeus eigener Sohn, der kühne Herakles, daher, und rächt sich aufs tragikomischste an Busiris und seinem schwarzgelben Gesindel (Caeretaner Hydria in Wien. Abb. 13).

Die so charakteristische Beobachtung des ethnographischen Lokalkolorits auf letzterer Vase lässt die Vermutung nicht fern, dass zwischen Ionien und Nordafrika im sechsten Jahrhundert Beziehungen stattfanden, an denen auch die Malerei in bedeutenderem Umfange teilnahm. Dies beweist gerade eine Reihe offensichtlich ionischer Vasen, die in Nordafrika ausgegraben wurden:

12b.

13. Herakles bei Busiris von einer ionischen Hydria aus Caere, in Wien.

Naukratis und Daphnai in Unterägypten zeichnen sich durch eine echt ionische Buntheit ihrer auf weisslicher Grundierung gemalten Farben aus. Dieselbe eignet auch den Vasen der nach der Grossen Syrte zu gelegenen Kolonie Kyrene, deren umfangreiche Misch- und Schöpfgefässe von metallisch eleganter Modellierung prachtvolle schwarzfigurige Friese von allerlei Zahmgeflügel, asiatischen Bestien oder Fabelwesen aufweisen. Im grossen und ganzen will diese kyrenaische Vasengattung, der noch als hauptsächlich tiefe halbkugelige Schalen mit hohem, oft stabförmig gedrechseltem Fuss angehören, nicht gerne zwischen erzählend figürlicher oder ornamental abstrakter Dekoration scheiden, aus der als für die Gefässklasse speziell charakteristisch ein netzartiger Fries runder, stacheliger Granatäpfelchen hervorgehoben sei. Sie vereinigt im Gegenteil ihre ausgelassenen Tänze und ihre Trinkszenen, ihre Reiter, ihre Fusskrieger und ihre wenigen mythologischen Silhouettenbilder auf einem Stück zugleich mit diesen linearen Verzierungen. Kyrene erinnert mit solchem Verfahren wie auch in vielem andern an Korinth, auch in seinem ähnlich geringen dekorativen Raumgefühl, das im grossen, z. B. Friesbilder, einfach durch ein ganz rohes, seitliches Coupieren für den Kreis einer Schale zurechtstutzt und das sich auch im Detail fühlbar macht, wie der winzigste leere Raum mit irgendeiner lebendigen Erfahrung des Malers ausgefüllt werden muss, und sei's auch nur mit einer kleinen Eidechse. Eine so vollgerüttelte Komposition zeigt eine im Louvre befindliche Schalenzeichnung reichster Silhouettenmanier, auf der König Arkesilas in vollem Ornate sitzt und das Abwägen und die Verstauung grosser Ballen von „Silphion" dirigiert mit all dem monopolistischen Stolz und aller Achtsamkeit, die dem Hauptexportprodukt des

14. Silphionhandel vor König Arkesilas. Innenbild einer weissgrundigen Schale von Kyrene, in Paris.

Landes, einer der wichtigsten Arznei- und Genusspflanzen der Antike, die ausschliesslich in der Kyrenaika gewonnen ward, zukommen (Abb. 14).

Die jüngsten aller ionischen orientalisierenden Vasen sind die von Chalkis auf Euboia. Attisch erscheint schon an diesen

15. Herakles' Kampf mit dem dreileibigen Riesen Geryoneus, dem Besitzer der Rinderherde, von einer chalkidischen Amphora, in Paris.

16. Ziegenherde von einem boiotischen Henkelbecher des Theozotos, im Louvre.

Amphoren das formklare Absetzen von Gefässhals und Mündung und die geradezu plastisch gezeichneten Silhouetten, die — sehr bemerkenswert für eine archaische Kunst — neben den Profil- auch Faceansichten und sogar die Verkürzung richtig darzustellen versuchen (Abb. 15). Ionisch aber sind die derblustigen Sinnlich- keiten des bakchischen Schwarmes zu nennen und das durchgängige Prinzip einer m y t h o l o g i s c h e n Stoffwahl. Diese sagenhaften Szenen treten als Hauptbild auf dem Bauch der Amphora auf, während die Schulterstreifen sich mit allerlei Reiterei und ioni- schen fabulosen wie natürlichen Tierfiguren anfüllen. Die Vasen- rückseite erhält nicht selten als ein ortsspezifisches Motiv grosse bunte Wappenschlangen, mit ˙ schärfstem Beobachtungssinn wiedergegeben, zwischen prächtigen Hähnen. Und schliesslich lässt sich auch noch auf dem Festlande eine ionisierende kleinere Fabrik vielleicht in der später so berühmten Töpferstadt Tanagra in B o i o t i e n für das beginnende sechste Jahrhundert namhaft machen: Die hier gefundenen, wie aus Erz geformten Kannen mit breit ausladendem Bauch, langem, mit wuchtigen Ringen mehr- fach umgürtetem Hals und in den Linien phantastischen Henkeln stellen in ihren Friesbildern dem vorherrschenden Charakter dieser typischen Viehzüchterlandschaft gemäss herrliche Ochsen- und Ziegenherden in lebendigster, humordurchtränkter Sinnfälligkeit dar, individuell, wenn man so will, da die boiotischen Maler, Gamedes auf einem Aryballos aus Thespiai (in Berlin) und auf einer Wein- kanne des Louvre und Theozotos auf einem ebendort befindlichen Henkelbecher (Abb. 16) mit als erste in der griechischen Vasen- geschichte ihre Persönlichkeit gerne inschriftlich zur Geltung bringen.

Mit diesen paar Orten sind keineswegs a l l e Plätze der ioni- schen Vasenproduktion namhaft gemacht. Man muss sich die Betriebe dieser Periode, welche in der zweiten Hälfte des achten Jahrhunderts beginnt und bis gegen Ende des sechsten hinab- reicht, so ausgedehnt und untereinander zusammenhängend wie

17. Sogenannte Anubisvase in buc-
chero nero, in Palermo.

immer nur möglich vorstellen; besonders, da sie nicht nur für den eigenen Bedarf arbeiten, sondern vor allem auch für eine teilweise sogar den barbarischen Interessenkreis und Geschmack prinzipiell berücksichtigende A u s f u h r allergrössten Massstabes. Durch solchen regen Export z. B. wurde das ganze künstlerische Etrurien eine griechische, genauer ionische Geistesdomäne, wie für die Töpferei die noch im fünften und vierten Jahrhundert hergestellten V a s i d i b u c c h e r o beweisen (Abb. 17). Diese in der Thonmasse rauchdurchzogenen, glänzend schwarzen Gefässe lehnen sich sehr bewusst an altionisches M e t a l l g e r ä t an, sowohl in ihren frühesten Erzeugnissen, die nur mit einfachen Gravierungen verziert sind, wie auch in den späteren, häufig höchst vollendeten Exemplaren, die mit Stempelzylindern ausgewalzte Streifenreliefs zeigen, und deren Gefässmündung etwa in Gestalt von Greifen oder Pferdeköpfen ausläuft. Besonders apart durchbrochene Vasengestelle erklären sich aus kultischen Funktionen. Becher mit kurzem Fuss und zwei hochstehenden Ohrenhenkeln sind dem griechischen Kantharos nachgebildet usw.

K o r i n t h. Zur Klassik gelangt die orientalisierende Vasenmalerei in der Allerweltseestadt K o r i n t h, dem Hamburg Griechenlands. Hier kreuzen sich die Einflüsse des ionischen Ostens mit dem angestammten Dorismus, erzeugen so den eigentlichen fest bestimmten S t i l d e r s c h w a r z f i g u r i g e n G e f ä s s e, den Stil der durch linear eingeritzte Binnenzeichnung belebten tiefschwarzen Silhouetten auf mehr oder minder rötlichem Thon, der eine unumgängliche Stufe in der künstlerischen Entwicklung der griechischen keramischen Dekoration bildet.

18. Korinthische exvoto-Pinakes für Poseidon und Amphitrite, in Berlin.

Die hellenischen Kunstschriftsteller haben die klassische Bedeutung der korinthischen Töpferkunst wohl eingesehen. Da sie aber als Griechen „eine wirkliche Geschichtswissenschaft nicht kannten, sondern ihr Denken lediglich darauf richteten, aus der Beobachtung Regeln zu abstrahieren und mit diesen Abstraktionen zu wirtschaften, so betrachteten sie die Gattung, die bei ihnen historisch g e w o r d e n war, als begrifflich präexistent" (Wilamowitz). Man vergass also die realen geschichtlichen Vorstufen der korinthischen Thonmalerei und verlegte nach peripatetischem Vorbilde ihre ideale „Erfindung" geradezu nach Korinth. Eine anmutige Künstlerlegende weiss von der Tochter eines Töpfers Butades zu erzählen, die im Kontur den Schatten nachfuhr des beim Lampenlicht mit dem Kopf an der Wand schlummernden Geliebten, um sein Bild auch während seiner Abwesenheit zu bewahren. Das soll kurz vor der 29. Olympiade gewesen sein. Allein historisch bedeutsamer als diese echt hellenische Anekdote ist die Tatsache einer längst schon zu jener Zeit b e s t e h e n d e n grossartigen keramischen Industrie Korinths. Hier blühte nicht nur, wie ja auch vielerorts in Ionien, ein sehr umfangreicher Export in Vasen, vorzüglich nach Grossgriechenland und Etrurien, sondern hier wurden auch Stücke der Baukeramik geformt, die grossen thönernen Dachziegel und Traufen, die vor den marmornen an den archaischen Holztempeln verwandt wurden, ferner die ersten eigentlichen Tafelbilder in der abendländischen Malerei überhaupt, kleine bemalte Thontäfelchen,

Pinakes, hauptsächlich zu exvoto-Gaben für den isthmischen Poseidon bestimmt (Abb. 18), kunstvolle Handwerkserzeugnisse, zu denen ein ausgiebiger Thonboden das trefflichste Material, keramos, lieferte. Und dieses Korinth war nicht nur die älteste Grossindustriestadt der Welt, sondern erschien damals auch als eine Kunststadt allerersten Ranges. Wie etwa Milet oder irgend eine Stadt Kleinasiens ein Zentrum der ionischen Kunst bildete, so war Korinth damals noch, bevor Argos und Sikyon es aus seiner schulbildenden Führerschaft herausdrängten, die Kapitale des künstlerischen Dorismus. Jene halbmythischen Monumentalwerke der Kypseloslade und des Thrones des lakonischen Apollon von Amyklai, von denen uns Pausanias berichtet, waren echte Arbeiten des korinthisch-dorischen Stils.

So konsolidierte sich denn auch hier in Korinth nationalökonomisch und technisch die Herstellung der bemalten Vasen, wie sie von nun an dauernd in der Geschichte des griechischen Kunsthandwerks erscheint. Hier wird zuerst auf die inschriftliche Fixierung des Verfertigers eines jeden besseren Gefässes Wert gelegt, wie die Malernamen Timonidas und Chares beweisen. Hier erhält also auch das technische Verfahren, von dem uns zeitgenössische Abbildungen auf Vasen und Pinakes erzählen, seinen nur noch in Unwesentlichem wandelbaren Verlauf: Zuerst wird die äussere Gefässform auf der Töpferscheibe modelliert. Dann werden mit einem unten etwas abgerundeten, feinen Holzstäbchen die Umrisse der Zeichnung in den noch nicht ganz erhärteten Thon skizzenhaft eingedrückt, welche hierauf mit einer schwarzen wundervollen Firnisfarbe konturiert und im schwarzfigurigen Stil ausgetuscht werden. Diese Farbe wird in der Fläche mit einer Anzahl grosser und kleiner, runder oder breitgeschlagener Borstenpinsel angelegt. Dagegen scheinen die Linien, Relieflinien von eminenter innerer Resonanz, nötigenfalls mit Hilfe leichtgebogener, der Vasenform sich anpassender Lineale von vorne schräg abgeschnittenen, dünnen und spitzen Holzstäbchen gezogen worden zu sein. Die Innenzeichnung der Figurensilhouetten wird mit einem spitzigen Metallinstrument eingeritzt. Nun werden die ganz schwarz erscheinen sollenden Teile, etwa Fuss, Henkel, Mündung des Gefässes, in Bausch und Bogen mit dem opaken Firnis übergangen, der sich offenbar aus zwei Elementen zusammensetzte, aus dem Bindemittel, „einer dünnen Flüssigkeit von der hellen glänzenden Farbe des Baumwachses, und aus einer mehr konsistenten Zutat, die dem Firnis nach dem Brande je nach Mischung oder dem absichtlich dünneren und dickeren Auftrag eine vom Gelben zum Rotbraunen bis ins Schwarze gehende Farbe verlieh" (Karl Reichhold). Die Vase erhält jetzt ihren ersten Brand in besonderem Töpferofen. Nach diesem ersten Brand am offenen Feuer, der bei der Unzulänglichkeit der Öfen oft sehr wenig gleichwertig ausfällt, werden die „bunten" Farben — in Korinth weiss und kirschrot-violett, in den schön- und reichfigurigen Stilen auch Gold — aufgesetzt und die Vase dem zweiten, Schlussbrande, überliefert. Hierauf wird häufig noch ein zweiter, klar durchsichtiger und farbloser Firnis übers G a n z e gelegt, der dem Kolorit einen schönen bindenden Glanz verleihen soll, ein Effekt, den auch die öfters noch erfolgende trockene Politur anstrebt.

Die Inschriften, die auf den attischen Gefässen ihre Hauptrolle spielen sollten, werden entweder gleichzeitig mit der schwarzen Firnismalerei vom hölzernen Firnisstift oder dem Pinsel ebenfalls in Schwarz auf den hellen Thongrund g e z e i c h n e t oder n a c h der Malerei in den glänzenden Firnis e i n g e k r a t z t, sei es auf den Fuss, sei's auf Henkel, Schulter oder Hals der Vase.

*　　*　　*

Auch die Gefässformen, die für die Bemalung in Betracht kamen, erhielten zumeist damals in Korinth ihre klassische Ausbildung, wenn auch die grösseren Typen, die später im jüngeren Attika und in Unteritalien die Vorzugsstellung einnehmen, hier noch fast ganz fehlen und sich überhaupt die entwicklungshistorische Tendenz zeigt, von nur kleinen Abmessungen mählich zu immer grösseren aufzusteigen. Obwohl die Gefässformen nun insgesamt aus Gebrauchsgedanken abgeleitet sind, darf man doch nie vergessen, dass die bemalten Vasen selbst nichts als Luxus- oder Kultgegenstände, Totenbeigaben, darstellten, der praktischen Benutzung aber schon ihrer sehr fragil ausmodellierten Wandungen wegen schwerlich dienen konnten, es sei denn etwa beim Festgelage als Schaupokal, aus dem man dem Gotte die Spenden darbrachte. Die allerschönsten Geschirre aber wurden nur dem heiligsten Gebrauche geweiht, „indem sie," wie es Baumgarten darstellt, „Ösen zum Aufhängen erhielten und als religiöse Geschenke die Türpfosten und Wände der Heiligtümer zierten.

Sämtliche im Perserschutt der Akropolis gefundenen Vasen waren für diese Verwendung eingerichtet. Wir müssen uns die Tempel der Burg mit künstlerischen Gefässen in Menge behängt denken."

Somit lassen sich die Hauptvasenformen nur unvollständig nach den ursprünglichen, jetzo lediglich noch i d e a l e n Zweckgedanken in Vorratsgefässe, Schöpfgefässe, Trink- und Salbgefässe einordnen. Das grösste Vorratsgefäss ist das thönerne Fass, der Pithos, in das z. B. der feige König Eurystheus aus Furcht vor dem mit dem erymanthischen Eber daherkommenden Herakleshelden kriecht (vgl. Abb. 50) und das die berühmte Wohnung des weisen Diogenes bildete. Ihm an Grösse zunächst steht der Stamnos oder die Olla. Auch die „zweihenkelige" Amphora diente zur Aufbewahrung von Wein oder Öl; in kleinen Dimensionen erscheint sie im Gegensatz zu den eben erwähnten Vorratsgefässen häufiger in Korinth und bildet hier in der Spätzeit, offenbar bereits unter attischem Einfluss, einen straff architektonischen Lokaltyp als sogenannte Amphora a colonnette „mit säulchenförmigen Henkeln" aus. Zum Wassertragen war die gleichfalls ziemlich grosse Hydria erfunden, dreihenkelig, ein Henkel zum Schöpfen, die beiden andern zum Tragen, während die eigentliche langhalsige oder aber mehr im Aufbau gedrückte Kanne als Wasserkanne prochus und als Weinkanne oinochoe hiess und immer einen zierlichen, übers Gefäss emporstehenden Henkel und eine kleeblattförmige Mündung hatte. Trinkgefässe sind die ganz flache Phiale ohne Fuss mit einem Omphalos, Nabel, in der Mitte, die Kylix, die neben der Amphora in der spezifisch attischen Vasenmalerei unter allen anderen Gefässen am meisten beliebte Schale mit hohem Fuss und zwei Henkeln, und Skyphos, Kyathos, Kothyle, tiefe, mit doppeltem Henkel versehene Becher in Tassen- oder Napfform. Diesem Trinkgeschirr reihen sich der Krater, das schöngearbeitete mächtige Mischgefäss, das viel häufiger noch in getriebenem Metall als in Thon hergestellt war, an und der grosse Deinos, der rundliche, fusslose Mischkessel, als die unumgänglichen Utensilien zu einem Bankett der Griechen, die ihren schweren Wein niemals ungemischt mit Wasser tranken.

Das Salbgefäss des Athleten der Palaistra war der kleine kugelförmige Aryballos, ein Kännlein ohne Henkel, darum auch das „Henkellose", alabastron, genannt; mit einem durch eine Öse gezogenen Riemen wurde es an das Handgelenk festgeschnallt.

19. Altkorinthische Gefässtypen, aus der Sammlung O. Rayet in Paris.

Die Ölflasche, lekythos, endlich, war das gewöhnlichste Gebrauchsgerät althellenischen Lebens, wovon der parodistische Halbvers vom zerbrochenen Lekythion auf die Trivialität der Euripideischen Poesie in Aristophanes' „Fröschen" ein wohlbekanntes Zeugnis ist. Sie hatte ihre einzigartige Rolle in der jüngeren attischen weissgrundigen Vasenmalerei zu spielen. In Korinth ist sie entweder unten zugespitzt oder wie ein sich nach oben verjüngender Schlauch gebildet, weshalb sie dann als „schlauchförmiges Alabastron" bezeichnet wird. Diese beiden zierlich kleinen Gefässe sind neben einem dritten, der Pyxis, der zylindrischen oder terrinenförmig ausgebauchten Deckelbüchse, für die altkorinthischen Vasenformen (Abb. 19) vorzugsweise typisch.

* * *

Die älteste Manier korinthischer Vasenmalerei, wie sie sich uns beispielsweise in der oft genannten Münchener Dodwellvase (Abb. 20) repräsentiert, zeigt noch einen hocharchaischen, heraldisch gebundenen Stil: Die fast geometrisch anmutende, noch nicht nach dem Gesetze der Symmetrie geordnete Streifenkomposition bringt zwischen den Silhouetten nordischer, aber auch schon orientalischer Tiere eine reiche Füllung grossfleckiger schwarzer, zeichnerisch gravierter Firnissterne und

20. Deckel der Dodwellvase, in München (altkorinthische Pyxis aus Mertesi bei Korinth.)

-blumen, welche dem Ganzen das charakteristische Teppichaussehen geben. Hingegen eine fortgeschrittenere Art offenbart der Deckel derselben Dodwellvase, der die kalydonische Eberjagd darstellt, bedeutungsvoll schon durch die Wiedergabe von Menschen, der freilich in ihrer Wirkung beigeschriebene Namen erklärend helfen müssen, noch bedeutungsvoller aber dadurch, dass die Figuren zum E p o s g e b u n d e n erscheinen, eine Erfindung, die „natürlich" nach Ionien zu verlegen ist.

Das Epische nimmt nun immer mehr überhand und verdrängt Ornament und Tierfries zum grösseren Teil. Die Inhalte dieser Bildererzählungen sind dem troischen Kreise entlehnt, dem Zug der Sieben gegen Theben oder der Heraklessage. Oder es wird die Befreiung Andromedas von dem Ungetüm, kethos, durch den östlichen Helden Perseus uns drastisch berichtet. Mancherlei nicht mythische, lebendige Episoden der Löwen- oder Hasenjagd

21. Zweikampf zwischen Aias und Aineas von einem altkorinthischen Gefäss, in Athen.

kommen hinzu usw. Höchst merkwürdig sind dann hier vor allem jene derb altertümlichen d i o n y s i s c h e n S z e n e n, wo drollige, weinselige Tänze von dicken, hopsenden Rüpeln, den Vorfahren der attischen Satyrn und Silene, agiert werden, deren Trinkhörner den engen Zusammenhang mit Schmaus und fröhlichem Gelage bekunden: „Populi debacchantis populosa debacchatio" (vgl. den Fries der Schale auf Abb. 19). Auch die ernsten kriegerischen Ereignisse können als kulturelle Aktualitäten auf diese Art in Zweikämpfen zu Pferd oder zu Fuss ikonographiert werden (Abb. 21).

Die Komposition solcher heroischer Szenen ist durchaus schon wieder von dem Geschmack des ionischen Stils bedingt, des Stils der wappenförmigen Anordnung der Sphinxe, Löwen, Panther, Greife und der „persischen Artemis", der in jeder Hand ein wildes Tier würgenden, aufrechtstehenden Göttin. Mit grell symmetrischer Gesetzmässigkeit sucht man dem Zufall der Natur zu begegnen, sagt Wölfflin. Erst in der späteren Zeit, als schon Korinth die stilbildende Suprematie in der Vasenmalerei an Athen abgetreten hatte, löst sich die archaische Strenge. Das wohl schon unter eben dem Einfluss entstandene Berliner Vasenbild des Auszugs des Amphiaraos zum Kampfe (Abb. 22) kann uns diesen jüngsten korinthischen Stil veranschaulichen. Die Bewegung der hintereinander aufgestellten Rappen und Schimmel und des vorzüglich in der Hüfte gedrehten Helden, die wohl überlegte Anordnung einer zentralen und zwei Seitengruppen sind im ganzen bewunderungswürdig. Aber das Detail scheint steif und leblos. Die

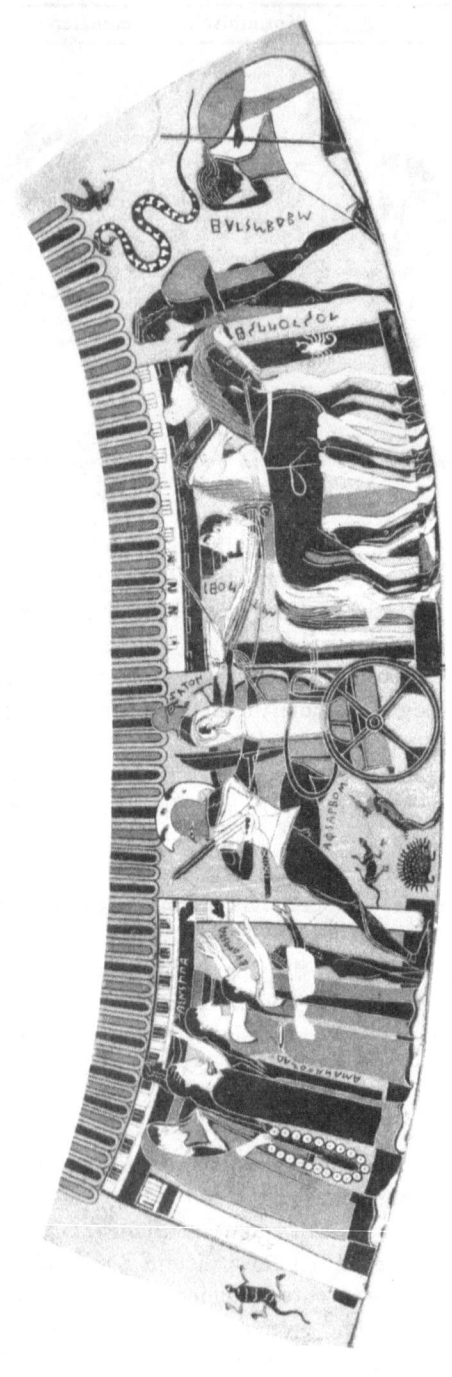

22. Amphiaraos' Auszug von einer spätkorinthischen Amphora a colonnette aus Caere, in Berlin.

23. Löwen- und Palmettenfries einer Phaleronkanne aus Analatos.

Gesten der mit Weiss als Fleischkolorit charakterisierten Frauen und Knaben sind wie aus Holz geschnitzt, und die faltenlosen Gewänder gleichen einem Stück Pappe. Die elegante Nüance in das im grossen schon gut komponierte Bild zu bringen, war eine Athen vorbehaltene Aufgabe.

III. Von des attischen Reiches Herrlichkeit*): Die Klassik der griechischen Vasen.

> Die Grösse der Stadt verursacht einen beständigen Zufluss von allerlei Gütern dieses Lebens aus allen Gegenden der Welt; und wir können die Vorteile anderer Völker ebensogut als unser Eigentum geniessen wie unsere eigenen Landesfrüchte. — Wir lassen unsere Stadt einem jeden offen stehen und verweisen keinen Fremden daraus.
> Aus Perikles' Leichenrede bei Thukydides.

Athen scheint sich während der ganzen ersten Hälfte des orientalisierenden Stils, gleichsam seine Zeit abwartend, verhalten zu haben. Seine Schöpferkraft stellt sich gegenüber dem reichen Schatz an Vasen des orientalisch orientalisierenden Ionien und des europäisch orientalisierenden Korinth noch als künstlerisch recht dürftig dar: Die vielen alten Grabhügel, besonders der Umgegend des Südwesthafens von Athen, Phaleron, bargen eine mässige Anzahl bezüglich der Schönheit sehr elementarer, ungeschlacht langer und breiter Henkelgefässe, der „Pha-

---

*) Überschrift einer Kaiser-Geburtstagsrede von Ulrich von Wilamowitz-Moellendorff vom 22. März 1877. Abgedruckt in seinen Reden und Vorträgen Seite 27. Berl. 1901.

24. Kampf um die Leiche des Troilos von einer sogenannten tyrrhenischen Amphora, in München.

leronkannen", eines im morgenländischen Sinne weiter entwickelten und etwas erweichten geometrischen Lokalstils (Abb. 23). Jetzt aber sollte Athen den Ausgleich zwischen ionisch malerischer und dorisch zeichnerischer Richtung finden und ihn qualitativ steigern, ihm seinen „Ewigkeitswert" geben, wie gewiss Athen immer, ähnlich wie das Rom der italienischen Renaissance, nicht nur in Kunst und Literatur, sondern in jedem Zweige des Humanismus die Pflicht hatte, den im grossen Hellas auftretenden Antagonismus der ionischen und der dorischen Elemente zur „attischen" klassischen Einheit zu versöhnen.

Die schwarzfigurigen Vasen. Ausser dem naheliegenden dorischen Korinth dürfen die ionischen Kykladen als von Einfluss auf die ältere attische schwarzfigurige Malerei (ca. 600 bis 550 v. Chr.) gelten, ebenso wie auch Euboia, dessen lebhaft erzählende Vasen sich in gewisser Parallelität zu ihr befinden. Diese Zeit des Übergangs wird durch eine Gattung von Henkelamphoren mit mählich in den Bauch übergehendem Hals illustriert, die man früher nach dem Fundort als tyrrhenisch, heute mehr stilkritisch als korinthisch-attisch bezeichnet (Abb. 24). Die „affected vases", wie die Engländer sie ob ihres höchst gebundenen Stils charakterisieren, weisen in einem den ganzen oberen Vasenteil bedeckenden Bild und meist noch in zwei Tierstreifen darunter die echt korinthische Komposition und die korinthischen Detailformen in schwerfällig gezeichneten Schattenrissen ionisierenden Getiers oder mythologischer Figuren auf. Mit ihnen haben sich aber die chronischen Einwirkungen der Attika umlagernden Produktionsgebiete noch keineswegs erschöpft. Sie dauern fort und finden sich in einem klassischen Musterbeispiel des so gewordenen Stils zusammen, in

25. Krater des Klitias und Ergotimos (Françoisvase) aus der Nekropole von Chiusi, in Florenz.

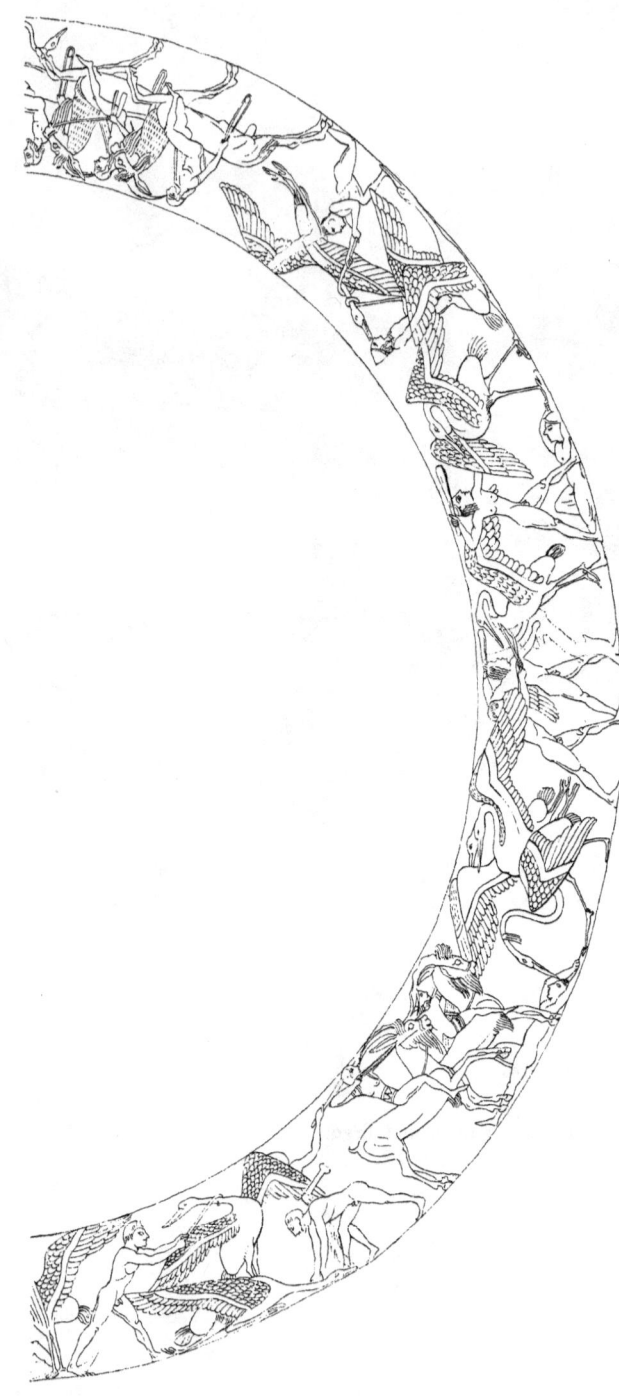

26. Kampf der Kraniche und Pygmäen. Fries vom Fusse der Françoisvase.

der berühmten François vase in Florenz, einem von dem Kunstkenner Alessandro François 1848 in dem etrurischen Chiusi (Clusium) gefundenen grossen Krater der ausgehenden solonischen Zeit (um 570) (Abb. 25 und 26). Seine noch in strenger Streifenkomposition arrangierten Bilderzyklen stellen die kalydonische Eberjagd, den Zug der Götter zur Hochzeit des Peleus und der Thetis, Ereignisse aus der Achilleis und der Ilias dar, durchaus natürliche Figurenzeichnungen in prachtvoll gestickten Chitonen, alles belebt durch Einstreuung von Gebrauchsgegenständen, Architekturen usf. Auch das Ornament besitzt in seiner der Plastik der Vasenform folgenden ästhetisch-mechanischen Stilisierung schon den in sich vollendeten spezifischen Attizismus: spitze Palmblätter leiten vom Fuss zum Bauche gefällig über; die Friese sind teils Eierstäbe, Kymathien, teils eine Komposition aus Elementen von Palmetten und Lotosblüten. Hochwichtig für die Folgezeit ist auch hier das erstmalige deutliche Unterscheiden der Inschriften zwischen Vasenfabrikant und Vasenmaler (die erste Künstlerinschrift überhaupt ist die ionische des Aristonophos oder Aristonothos auf einer spätgeometrischen Vase attischen Stils mit der Blendung Polyphems): Der „werkberühmte" Ergotimos ist der Fabrikant und der kunsttechnisch vielgeschickte Töpfer der Françoisvase, „er hat sie gemacht", epoiese; Klitias war ihr Maler, „hat sie gemalt", egraphsen.

Die jüngere schwarzfigurige attische Vasenmalerei bildet in ihrer „altertümlich strengen Sorgfalt und ihrer gezierten Grazie" eine Parallele zu der ionisierenden Plastik der attischen „Rokokostatuen" auf der Akropolis (Abb. 27) und fällt zeitlich mit der Tyrannis der Peisistratiden zusammen, einer Herrschaft, die aller populären Meinung von Tyrannis zum Trotz, eine Epoche des bedeutendsten Aufschwungs für das athenische Gemeinwesen und eine hohe Kultur ionischen Importcharakters in bildender Kunst, Dichtung und Leben vorstellt. Gerade diese Zeit ist für die griechische Antike dasselbe, was für das Mittelalter das zwölfte Jahrhundert: die Zeit der ersten Erscheinung des Neuen und die Zeit der Umwandlung des beschränkten Barbarismus in ein Dasein voller Qualität im grossen.

Schon Solons Gesetze befehlen die vollbürgerliche Aufnahme fremder Handwerker in den Athener Kerameikos und mancher korinthische Vasenmaler wird die im kommerziellen Niedergang begriffene Heimat mit dem gerade aufblühenden Athen gerne vertauscht haben. Denn auch eine vergrösserte Absatzmöglichkeit wartete hier seiner Erzeugnisse, als Peisistratos den südlichen Stadtmarkt weiter nördlich ins Töpferviertel verlegte. Man wird diese Zeit der Hochkonjunktur für das Gewerbe schon in der beruflichen Entwicklung erkennen, die den ursprünglichen Handarbeiter schnell zum reichen Unternehmer werden liess, ihm gestattend, sein Geschäft durch Metoiken oder „Beisassen", zugewanderte Freie ohne politische Rechte, und Sklaven zu betreiben. Ebenso beherrschte ein lebhafter Vasenhandel die Exportgebiete der ionischen und der korinthischen Keramik, das westliche Italien sowohl, wie das östliche Kleinasien, wo man in der phrygischen Hauptstadt Gordion vor kurzem eine Schale von der Hand jener Meister der Françoisvase, Klitias und Ergotimos, gefunden hat. Wenn dann in Konsequenz zu all dem äusseren Reichtum der attischen Produktion sich auch das Empfinden einer inneren künstlerischen Höhe einstellt und diese Klassik verdichtet erscheint als eine erfinderische Persönlichkeit des Malers Eumares, dem man das Verdienst zuteilt, „Männer und Weiber durch Farben — das Weiss soll das zarte, helle Fleisch weiblicher nackter Körperteile versinnbildlichen — und durch gewisse konventionelle Hilfsmittel, besonders in der Augenzeichnung, geschlechtlich charakterisiert und die Stellungen der Figuren mannigfaltiger gestaltet zu haben," so ist das gewiss nur der höchst individuelle Ausdruck griechischen unhistorischen Denkens für die typische und allmähliche Genesis des vollendeten schwarzfigurigen Stils aus sehr vielen stammesverschiedenen Grundbestandteilen.

Und doch kann man dieser naiv pointierenden Art antiker Kunstgeschichte nicht in ganzem Masse unrecht geben, da ja so gut wie alles in Technik und Kunst erst hier den Vollumfang seiner intensivsten Wirkungen erreichte. Schon der Effekt des Universalmalmittels, der tiefschwarzen Firnisfarbe, scheint ein anderer denn je zuvor: blendender wie Erz und zugleich sonorer ist er und in seiner quantitativen Verwendung beträchtlich gesteigert im Vergleich mit den älteren Stilen. Das lässt sich vor allem in den A m p h o r e n und H y d r i e n, den ausgesprochenen Lieblingsgefässen der schwarzfigurigen Manier, beobachten, die einen vollständigen Firnisüberzug unter Aussparung der Bildfläche erhalten, so dass sie ihren illustrativen Teil auf zwei Felder, vorn und hinten auf dem Vasenbauch,

27. Briseis, die Geliebte Achills. Pendantbild einer ionischen Modedame von einer Amphora des Töpfers Euxitheos, im British Museum.

28. Olivenernte, Ölgewinnung und Ölhandel auf attischen jüngeren schwarzfigurigen Amphoren mit den redenden Inschriften: „O Vater Zeus, möchte ich doch reich werden!" und dem feilschenden Zwiegespräch: „Jetzt schon (voll)? noch mehr." „Es ist ja bereits übergeflossen."

beschränken, deren Konzentration im Sinne des „farbigen Flecks" durch rahmende Zierleisten noch weiter betont wurde. In nämlicher Weise architektonisiert sich dann auch der Gefässkontur der beiden zu energischster Einfachheit, indem an Stelle des schlanken, absatzlosen Ineinsführen von Bauch und Hals ein scharfes Absetzen der im rechten Winkel umknickenden Gefässschulter tritt (Abb. 36). Und endlich gibt sich solche dynamische Ökonomie sowohl noch qualitativ in der konsequenten Farbenreduktion auf den kräftigen Zweiklang des thonroten Grundes und der tiefschwarzen Zeichenfarbe kund, der gegenüber die Buntheiten Weiss und Rot eine entschieden untergeordnetere Rolle spielen als in den früheren ionischen Malereien, wie auch quantitativ in der organischen Sinngemässheit der straffen und vollen Linien dieser herrlichen Palmetten- und Lotoskettenornamente (vgl. z. B. Abb. 29, 30, 36, 38, 41) und der b e k l e i d e t e n oder unbekleideten menschlichen Gestalten: So werden z. B. die

alten schachbrettartig gemusterten Prachtgewänder der Françoisvase, die unabhängig vom Körper, aber neben aller Körperlichkeit quasi um diese herumgemauert erscheinen (vgl. auch
Abb. 29, 30), später durch weiche Stoffe ersetzt, deren in ge-
schmeidiger Rundung geschwungene Falten gar raffinierte Über-
schläge bilden oder in einem Brennpunkte der Bewegungsrhyth-
mik, etwa dem kokett aufgehobenen Gewandzipfel, zentral zu-
sammengefasst werden (Abb. 27).

Ein sachlich so aus- und durchgebildeter Stil konnte sich
nun mit ganz anderem Erfolg wie vorher an die Verbildlichung der
mannigfachen Themen wagen, die ihm Mythos und zeitgenössisches
Leben boten. Die stete, aktive Lebensfreudigkeit und den Hang zu
geistvoller Kontemplation des attischen Mannes dürfen wir in
Genreszenen aus dem Handwerk, der Werkstatt des Töpfers und
des Schmieds, des Schusters und aus dem Landbau, der Wein-
und Olivenernte, dem Ölhandel (Abb. 27) beobachten. Hier gibt
es weiterhin reizende Bilder des Frauenlebens, wie z. B. ein
linear sehr zierlich bewegtes Frauenbad in archaisch dorischer
Säulenhalle auf einer Berliner Amphora oder den höchst typischen Vorgang der in langem Zuge mit der Hydria auf dem
Haupt zur Quelle Kallirrhoe wallenden athenischen Jungfrauen
(Abb. 29).

Viel mehr wie alltäglich genremässig sind die Sagen-
illustrationen der schwarzfigurigen Vasen auch nicht, wenn-
schon die altgewohnten Figurentypen nahezu regelmässig
durch irgendwelche Namenbeischriften als zu einer Art von Vorgang zusammengehörig individualisiert werden. Allein eine konkrete Abhängigkeit der bescheidenen Vasenkünstler von bestimmten poetischen Zyklen anzunehmen, ist sachlich falsch, da diese
eher aus einem extensiven mythologischen Bewusstsein schöpften
und so in der Parallelität zur Poesie, die nach Carl Robert
für griechische Illustrationskunst ein für allemal gelten muss,
an der Detailausbildung der Sage mitarbeiteten. Die attische
Ortsgeschichte steht vorerst noch zurück hinter Kompositionen
aus dem trojanischen Kreis wie der Iliupersis (Abb. 30), Troilos'
Tod durch Achill, Hektors Abschied usw., und hinter den vielen
Mythen der Götter und Halbgötter: der gütige Weinbringer
Dionysos schwärmt daher mit seiner üppigen Gefolgschaft der
Nymphen, Mänaden und Silene (Abb. 31, 38 u. 40). Seinen ar-
beitsamen Gegensatz sehen wir in dem dorischen Helden

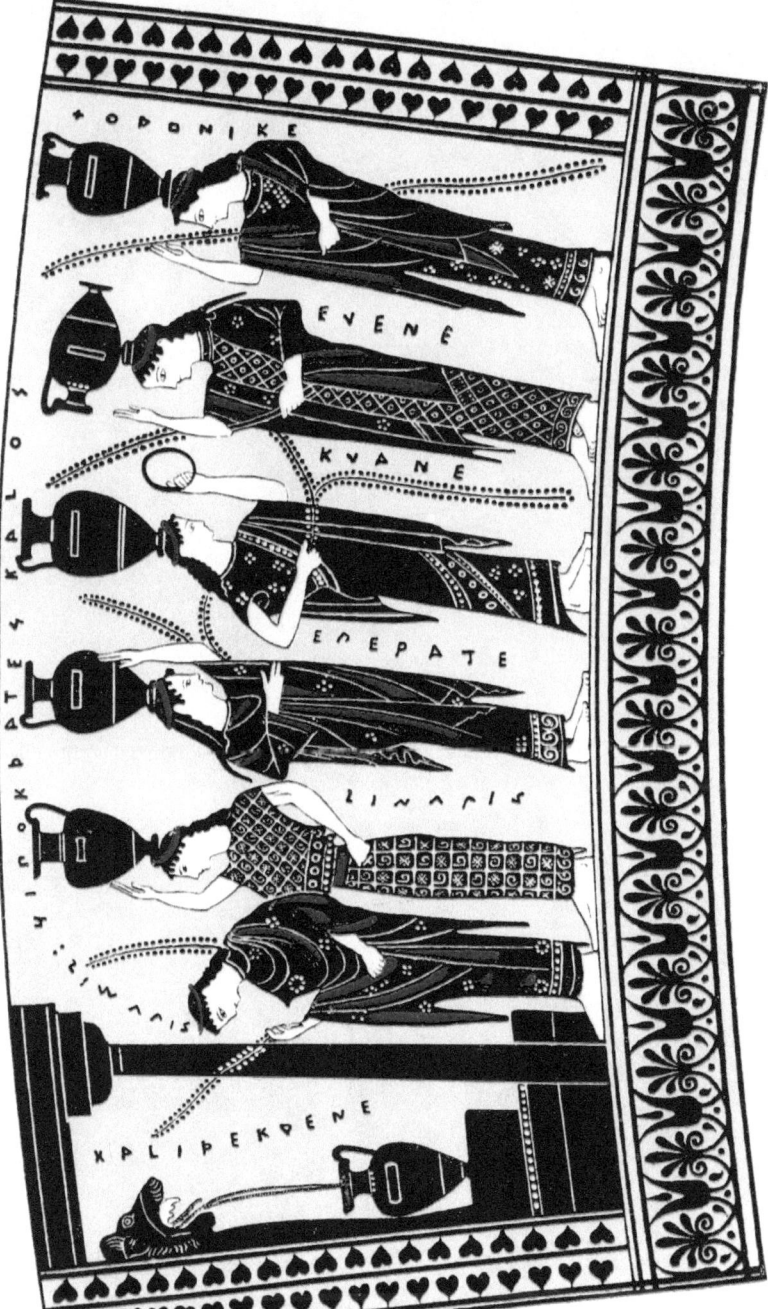

29. Brunnenszene bei der Kallirrhoe von einer Hydria aus Vulci, im British Museum.

30. Iliupersis (Trojas Zerstörung) von einer schwarzfigurigen Amphora älteren Stils aus Vulci, in Berlin.

31. Weinlesende Silene. Reversbild einer Amphora schwarzfigurigen Stils aus Vulci, in Rom.

Herakles, der todesmutige Amazonen in heisser Schlacht besiegt, der mit dem Meerungeheuer, dem Triton, ringt und den furchtbaren Löwen von Nemea erlegt, welcher als „unverwundbar durch Eisen und durch Erz und durch Stein" (Apollod. II, 6, 1) nur mit sehnigem Arm erdrosselt werden kann (Abb. 32). Von Herakles' Schutzfreundin, der heiligen Jungfrau Pallas Athena, der zugleich friedlichen und kriegerischen Stadtgöttin, erzählen uns viele Gefässe der Epoche, wie die eingeborene Tochter aus dem Haupte des Göttervaters herausspringt in die Ekklesia der umherstaunenden Olympier (Abb. 33), oder wie sie die Aigis, den schreckenerregenden Gewitterschild, gegen die himmelstürmenden Giganten schwingt.

Solcher intensiven o b j e k t i v e n Differenzierung des Inhalts entspricht die gleiche subjektive Differenzierungsabsicht der Autoren dieser Vasen: der Künstler ist auf s e i n e r Hände Werk stolz, das er darum bezeichnet. Erst aus attischer Zeit besitzen wir eine ununterbrochene Reihe von Meisterinschriften, 40 Namen allein des schwarzfigurigen Stils.

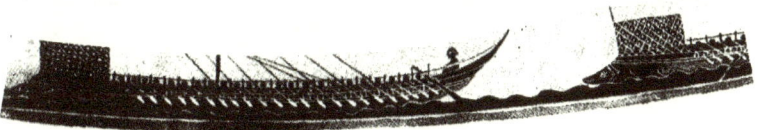

34. Ruderschiffe vom Innenrande eines Deinos des Exekias, in Rom.

32. Athena, einen Krieger verfolgend, zwischen Streitwagen. Schulterbild (oben), und Herakles und der nemeische Löwe, Bauchbild (unten) einer Hydria etruskischen Fundorts, in Rom.

33. Athena-Geburt von einer Amphora etruskischen Fundorts der ehemaligen Caninoschen Sammlung.

35. Dionysos' Meerfahrt. Innenbild einer Schale des Exekias aus Vulci, in München.

60   Die Meister des reif schwarzfigurigen Stils. Exekias

36. Amphora des Amasis, in Paris, mit Athena
und Poseidon, auf der andern Seite Dionysos
mit Mänaden.

Der als künstlerische Persönlichkeit entschieden grösste der Maler ist Exekias. Er ist der Meister des Übergangs vom archaischen zum freien Stil, der den massgebenden Einfluss besitzt. Er malt Amphoren, Schalen und ornamentiert den fusslosen, runden Mischkessel: da lässt er am oberen Innenrand eine entzückende Ruderflottille hintereinander herziehen, die bei Anfüllung des Gefässes auf der Flüssigkeit gleichsam schwimmen soll (Abb. 34, siehe Seite 55). Mythologisches Genre ist sein Bild auf einer vatikanischen Vase, das die Helden Aias und Achill beim Brettspiel uns auf der einen Seite vorführt, während der Revers sich den Aufbruch der Dioskuren zum Thema gewählt hat. Eine weitere Amphorendarstellung des Exekias ist Herakles im Kampfe gegen den dreileibigen Geryoneus der Louvresammlung, wobei für den Individualstil der Massengegensatz der überzierlichen Pferdebeine zu

37. Kampf um die Leiche des Kyknos und Tierfries von einer Oinochoe des Kolchos aus Vulci, in Berlin.

dem schweren Rumpf charakteristisch erscheint. Sein berühmtestes Stück aber ist die famose flache Schale aus Vulci mit Dionysos' Meerfahrt, jetzt in München: wie der Gott wuchtig im Zentrum des Schalenrunds sitzt, feierlich über den Ozean segelnd, wie seine Einflusssphäre sich in der den Schiffsmast umrankenden Rebe ausbreitet, und wie die in Delphine verwandelten, gottes-

38. Amphora des Nikosthenes mit bakchischem Thiasos, in Wien.

lästerischen Matrosen das Fahrzeug anmutig umspielen, ist nur Japanischem vergleichbar (Abb. 35). —

Es ist die Folge jener solonischen Ansiedlungsverordnung, wenn wir als Zeitgenossen des Exekias auch barbarische Einwohner des Athener Montmartre, des internationalen Kerameikos, antreffen, den „Skythen" und den Ägypter Amasis. Des letzteren Malerfamilie blühte noch weit bis in die rotfigurige Zeit hinein. Seine Zeichnung ist von ziemlich graziöser Eleganz, wofür ein

39. Schale des Glaukythes und Archikles mit Theseus und Minotauros, in München.

Beispiel in einer Amphora des Cabinet des Médailles gewonnen werden kann mit dem friesartigen Götterzug Dionysos, Athena, Poseidon (Abb. 36). Von mittelmässiger Qualität erscheint Sophilos, der durchaus von Klitias abhängig arbeitet und auch in der übertriebenen Buntheit seiner Farben noch sehr konservativ ist. Kolchos hingegen gebärdet sich recht frei in der Zierlichkeit bewegter Silhouetten, die durch reichlich eingeritzte Innenlinien munter blitzen (Abb. 37). Der furchtbarste der schwarzfigurigen Maler war Nikosthenes. Denn 80 Gefässe seiner Signatur sind uns überkommen, und er war zugleich Grossindustrieller wie technischer Reformer seines Handwerks. Seine kleinen, ziemlich schlanken Amphoren gemahnen in ihrer sonderlichen Plastik und ihrem streng zeichnerischen Zierwerk an Metallurnen (Abb. 38).

Diese tektonisierte Formensprache zeigen auch die Trinkschalen, die in Attika jetzt die Träger der Entwicklung zu werden beginnen: Im schwarzfigurigen Stil hebt ein schlanker, hoher Fuss die sehr tiefe und steilwandige Schüssel, so dass im Gegensatz zur flachen Schale des rotfigurigen Stils im Aussenfries der hauptsächliche Bilderschmuck besteht (Abb. 39), der sich freilich manchmal nur auf ein kleines Tier oder Viergespann mit darunterstehendem fröhlichem Epigramm beschränkt: „Freue dich und trinke gut". Das tief auf dem Grund der Coupe gelegene Innen-

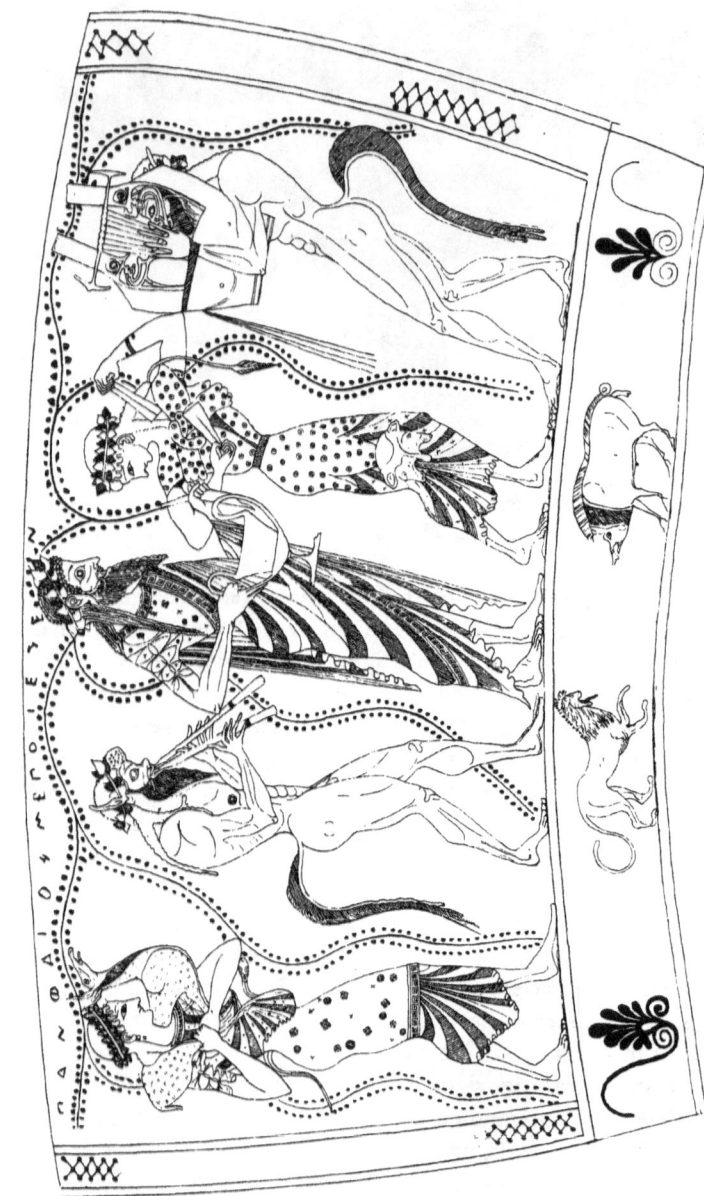

40. Dionysos mit Silenen und Mänaden von einer schwarzfigurigen Hydria des Pamphaios, im British Museum.

41. Anschirren eines Rennwagens auf einer jüngeren attischen schwarzfigurigen Hydria, in Berlin, wahrscheinlich von der Hand des Hischylos.

42. Herakles schmausend im Beisein Athenens. Von einer auf der einen Seite schwarzfigurigen, auf der andern Seite rotfigurigen Amphora aus Vulci im Stil des Andokides, in München.

bild wird daher anfangs in einer sekundär dekorativen Runddarstellung abgetan, die vielleicht aus einer Sphinx oder einem Vögelchen, besonders oft aber aus der bärtigen Fratze der Meduse, dem Gorgoneion, besteht. Erst bei eintretender grösserer Flachheit der jüngeren Gefässform bereichern sich das Innenbild und der Aussenfries auch in figürlicher Weise. — Der beginnende Individualismus des schwarzfigurigen Stils, der schier den Historiker zur monographischen Behandlung und zum Suchen nach „der absoluten Künstlerpersönlichkeit" verleiten könnte, zerstört keineswegs den für jede grosse Kunst als seelische Basis notwendigen, kraftverbürgenden s o z i a l e n Zusammenhang, sondern er wirkt nur als feinste Differenzierung gewiss auch, wie wir gesehen, im optisch-konkreten Sinne, so dass in der jüngeren schwarzfigurigen Keramik füglich der k ü n s t l e r i s c h e   H ö h e p u n k t   g r i e c h i s c h e r   V a s e n m a l e r e i   ü b e r h a u p t zu erkennen ist.

„Das Schöne ist schwer."
Attisches Sprichwort.

Ü b e r g ä n g e u n d d e r E p i k t e t i s c h e K r e i s. Es ist das Grosse in der attischen Kunst, dass sie nie aufgehört hat, an ihrer Entwicklung weiterzuarbeiten. Am Ende des sechsten Jahrhunderts entsteht die r o t f i g u r i g e   M a l e r e i   a u f   s c h w a r z e m   G r u n d, von der sich schon bei Nikosthenes erste Spuren wahrnehmen lassen, und die offenbar wie so vieles der Peisistratidenzeit, ionischer Erfindung ist. Wenigstens sehen wir bei einigen der erwähnten Thonsarkophage von Klazomenai neben den obligaten orientalischen Tiersilhouetten mancherlei Profile von Kriegerköpfen oder den Kampf eines Löwen mit einem Eber h e l l   a u s g e s p a r t   a u f   d u n k e l. Man muss sich die ungeheuren neuen Möglichkeiten zu einer raffinierten Innenzeichnung vor Augen halten, wenn man den epochemachenden Unterschied der flächenhaften, zusammengeballten Silhouette gegenüber dem zu körperlichster Darstellung anregenden hellen Bild auf schwarzer Folie ermessen will. Gewiss durfte man daher, von diesem Mehr an Plastik im rotfigurigen Stil ausgehend, die Hypothese einer Ableitung von den zeitgenössischen polychromen Reliefs wagen, bei denen ja auch hellere Figuren sich von einem tiefer getönten Hintergrund abhoben, zumal da auch die alte Art der Silhouettenzeichnung mit den eingravierten Binnenlinien in

43. Aulet mit Krotalen- (Kastagnetten-) Tänzerin. Innenbild einer Schale des Epiktetos, im British Museum.

innerer Verbindung steht mit den archaischen Marmorgrabstelen. Als Prinzip der Umkehrung aller dekorativen Werte ins Gegenteil erscheint der Unterschied beider gewiss nicht als individuell, sondern als kunstgeschichtliche Phase, die die Formenbildung dieser ganzen Zeit ergriffen hat und die über diese Zeit hinaus g e n a u s o in anderen historischen Kunstzusammenhängen wieder zu treffen ist.

Die ältesten attischen Maler, die neben schwarzfigurigen Bildern auch rotfigurige zeigen, sind die „Kleinmeister": Die beiden Söhne des reichen Nearchos, des Stammvaters einer blühenden schwarzfigurigen Töpfergeneration, Tleson und Ergoteles, betätigten sich wie Glaukythes und Archikles in der Dekoration der Kylix. In altertümlich dichtgedrängten Friesen am äusseren Schalenrande erzählen sie Sagen oder geben figurengehäufte Schlachtenbilder (Abb. 39). Mehr nach Art des Niko-

reif schwarzfigurig   streng rotfigurig   schön rotfigurig

44. Attische Prothesis- oder Bestattungsvasen (Luthrophoren), in Athen und Berlin, mit Sepulcral- und Hochzeitsdarstellungen.

sthenes malt Pamphaios seine Hydrien, deren elegant gezierte Figuren Prototyp des derzeit allherrschenden ionischen Modegeschmacks sein können (Abb. 40). Im Gegensatz zu diesen sind Pheidippos und Hischylos sehr fortgeschritten: Von letzterem wohl ist der auf einem Berliner Schöpfgefäss abgebildete zum Aufbruch wartende Rennwagen, der schon viel von der stolzen Klassik des fünften Jahrhundert besitzt (Abb. 41). Der künstlerisch wertvollste in dieser seltsamen Gruppe der schwarzrotfigurigen Vasenmaler ist aber A n d o k i d e s , eine durchaus problematische, echte Übergangsnatur. Eine von Furtwängler ihm mit grossem Glück attribuierte Münchener Amphora lässt seine Arbeitsweise bis ins Detail einer noch unsicher tastenden Vorzeichnung studieren. Als ein Artist von reinstem Wasser, gibt er auf beiden Seiten die gleiche Szene, Herakles im Beisein Athenes schmausend, aber einmal die Gesamtwirkung als vollständig schwarzfiguriges, einmal als vollständig rotfiguriges Gemälde durchprobierend (Abb. 42).

Der Epiktetische Kreis, dem auch die meisten der eben genannten Künstler oft beigerechnet werden, gruppiert sich um den Schalenmaler und Fabrikanten Epiktetos, der mit geringer Ausnahme die rotfigurige Manier übt (Abb. 43). Zu ihm gehören von bedeutenderen Erscheinungen der Maler Chelis, ein Liebhaber des bakchischen Genres, und die beiden bis ins fünfte Jahrhundert wirksamen Töpfer Python und Kachrylion. Die wichtigste Neuerung des Epiktetischen Kreises ist die qualitative und quantitative Mehrberücksichtigung der Schale als künstlerisches Objekt keramischer wie malerischer Ausgestaltung: Ihre Umrisslinie wächst in eins, indem sie flacher, fast tellerförmig wird; ihr Fuss erscheint stärker und kürzer mit kräftig sich ausbreitender Sohle. Aussen- und Innenbild werden nun mit gleichmässigem Nachdruck behandelt, und das Innenbild wird häufig sogar in den Mittelpunkt alles illustrativen Interesses gerückt, seiner natürlichen Vorteile für den konzentriert schildernden Vortrag gemäss, wobei es dann darauf ankommt, die inhaltlich gegebenen Gestalten harmonisch in das runde Feld einzukomponieren, eine Aufgabe, die in der ästhetischen Entwicklung der attischen Gruppenvorstellung ähnlich direktiv sein sollte, wie das Tondo im spätflorentiner Quattrocento (vgl. z. B. Abb. 51, 52, 53 und 55). — Ein für den Epektetischen Kreis spezifisches Motiv ist noch zu seiner formalen Beschreibung zu nennen: die auf den Aussenseiten der Schalen unter den Henkeln angebrachten grossen Augen, die die Dämonen abhalten müssen, apotropaia auf griechisch, und ägyptisch von Ursprung.

*
* *

Die jüngere Hälfte des attischen sechsten Jahrhunderts zeichnet sich sehr durch Regsamkeit und durch Produktivität aus, neue Gefässformen, eine neue Zeichnungsweise und total veränderte Inhalte: Der hieratische Stoff der Heldenmythe, den der schwarzfigurige Stil in schier sachlicher Vollständigkeit in so vielen charaktervollen Variationen zu gestalten gewusst hatte, weicht nun teilweise den mehr genrehaften und aktuellen Themen

45. Die Pallas zwischen Kampfhähnen von einer panathenaischen Preisamphora des beginnenden 3. Jahrh. v. Chr. aus Theuchira, im British Museum.

46. Rückseite einer panathenaischen Preisamphora des späten 6. Jahrhunderts mit Wettläufern.

der lustigen Bakchoszüge und der Verherrlichung turnerischer Jugendschönheit bei ihrer Arbeit in der Ringschule oder der Muse charmanter Trinkgelage, eine Wandlung der Inhalte vom Pathetischen zum Legèren, zu dem sich eine Parallele in der Geschichte des japanischen Ukiyoye finden lässt. Zu alledem gesellen sich jetzt auch noch neue Typen, d. h. die Ausgestaltung schon bekannter Typen zu fester Definition: Die Prothesis- oder Bestattungsvasen (Abb. 44), hohe Gefässe mit kurzem Bauch, sehr langem Hals und deutlich verbreitertem Mündungsrand, sind unten hohl und ohne Boden und wurden auf einem aus dem Grabhügel hervorragenden Pflock zum Gedächtnisse des Verstorbenen aufgesteckt. Ihre sowohl schwarz- wie schon rotfigurigen, ziemlich frei gezeichneten Darstellungen beziehen sich auf Begräbnisbräuche, auf die Totenklage oder die Aufbahrung, prothesis, wie der Name der Gattung besagt. Manchmal heissen sie aber auch lutrophoroi, Badträger, wenn sie unvermählten Jünglingen und Jungfrauen aufs Grab gesetzt wurden, als ein wunderschönes Symbol der Hochzeit nach dem Tode, da in Athen nach allgemeiner Sitte der der Braut zunächst verwandte Knabe zu den zeremoniellen Hochzeitswaschungen in solchem Gefäss das Wasser aus der ortsheiligen Quelle holen musste. Diesem Ritus zufolge erblickt man auf den Lutrophoren auch häufig Hochzeitsbilder, wie die Entschleierung der Braut u. ä.

> O du Oliven- und Veilchenbekränztes,
> o du sehr beneidetes Athen!
> Aristophanes' Ritter. 1329.

Die zweite Gattung, die jetzt bedeutsamer in die Erscheinung tritt, sind die **athenischen Preisamphoren**. Adolf Furtwängler hat die mannigfaltigen Zusammenhänge zwischen der bildenden Kunst, besonders des fünften Jahrhunderts, und der edlen, vorzüglich in Attika kunstgerecht ausgebildeten T u r n e - r e i nachgewiesen, die ja neben dem Philosophieren die einzig anständige Beschäftigung für die Aristokratie der kaloikagathoi bildete. Die national-attischen Preise für die von Pindar einst besungenen Sieger in den Spielen der Panathenaien bestanden in mit bestem Öl gefüllten grossen Deckelamphoren, geschmückt von einem konservativ stilisierten Bilde der Pallas zwischen Wappenvögeln, orientalisierenden Tieren oder Figurinen auf schlanken Säulen und der stimmungsvollen Inschrift: „Von den Spielen zu Athen" (Abb. 45). Auf der Vasenrückseite ist die Kampfesart dargestellt, in der der Empfänger des Preises gesiegt hat, Wagen- oder Pferderennen, Wettlauf, Ring- und Faustkampf, Diskuswurf (Abb. 46). Diese panathenaischen Preisamphoren wurden von jedem der vielen, aus allen griechischen Gauen hergereisten sieghaften Athleten mit in die Heimat genommen. Man findet sie deshalb überall verstreut, vor allem in den strebsamen Kolonien Grossgriechenlands.

Die athletischen Übungen, denen die Preisamphoren ihr Dasein verdanken, sind nach ihrer formalen Seite nicht zu trennen von der künstlerischen Ausbildung, die der nackte, männliche Körper im Laufe des sechsten Jahrhunderts erhalten. Auch im Epiktetischen Kreis ist er in seinen vielfältigen Bewegungen Hauptaufgabe der Vasenillustration geworden, deren sachliches Substrat etwa die Szenen des Gymnasion bilden. Und solche echt hellenische Freude an der neuverstandenen Körperlichkeit schlägt auch um in den obszönen Witz von direkten Abbildungen der intimsten Unterhaltungen zwischen Männern und Weibern oder auch n u r zwischen jenen. Allein man muss diesen Übermut einer Art von erfinderischem Rausche zugute halten, da doch tatsächlich die Einsicht in die schmucklose, reine Schönheit des menschlichen Körpers für das Altertum etwas so unendlich innerlich Grosses, ein noch nie und nirgendwo anders Dagewesenes bedeutet: „Zwar ward durch die Nacktheit ein gutes, vertrauensvolles Verhältnis zu der Natur des Menschen bezeugt, sie wurde aber n i c h t n a t u r a l i s t i s c h , sondern ethisch und politisch aufgefasst," sagt der dänische Archäolog J u l i u s L a n g e , der wie kein Zweiter die griechische Kunst in kongenialer Synthese erfasst hat. „Nicht eine wildwachsende oder verwilderte, sondern eine d u r c h u n d d u r c h k u l t i v i e r t e Natur machte man zum Gegenstande der Kunst."

Dieser w e s e n t l i c h e Nichtnaturalismus kennzeichnet nun auch die eigentümliche Art von Schönheit, nach der hin die griechische Kunst sich entwickelt: Sie will nur in höchstem Grade typisch sein, und selbst im individuellen Kunstwerk sucht sie auch nach keiner charakteristischen Schönheit in unserem physiognomisch-analytischen Sinne. W a s sie vom Charakter interessiert, gibt sich lediglich in den Akten jugendlich schöner Körper wieder, in dem unterschiedenen Temperament der bewegten Stellungen. Aber die Mienen der Köpfe bleiben von aller Emotion unberührt wie der stille Spiegel eines Bergsees und ein Grieche würde --- vielleicht ähnlich wie der Japaner --- uns gar nicht verstehen, wenn wir noch mehr psychologisches Leben a u s s e r h a l b der muskulösen Körperlichkeit auch für seine Kunst postulieren wollten. Liegt doch dies Charakteristische „unserer" Vorstellung für ihn schon ausserhalb „seines Realismus", dünkt ihm romantisch.

Solchem entschiedenen k ü n s t l e r i s c h e n Ausdruck einer Verehrung für kraftvoll zarte, männliche Körperlichkeit steht noch eine l i t e r a r i s c h e Tatsache zur Seite, die schier ausschliesslich attische Erfindung der sogenannten L i e b l i n g s i n s c h r i f t e n : Sie bilden eine besondere epigraphische Kategorie, indem sie den glücklichen, vornehmen Modesieger der Palaistra und des Stadion in zwei Worten verhimmlischen: Miltiades kalos, Miltiades ist schön. Und schön bedeutet ja nach hellenischem Sprachgefühl zugleich gut und tapfer und mit allen erdenklichen herrlichen Eigenschaften ausgestattet! Diese ewigen Oden in zwei Worten — nur selten werden sie ausführlicher — geben so, wie sie sich als zierliches Füllmotiv zwischen den Figuren einherschlängeln, ein wichtiges Bestimmungsmittel für die Chronologie der Vasen. Denn ein Palaistrite kann nur etwa zwölf Jahre in Mode bleiben, „solange die glänzende Blume der liebreizenden Jugend währt" (Tyrtaios). Alle mit dem Namen e i n e s Modeathleten bezeichneten Vasen gehören also notwendig derselben zwölfjährigen Epoche an.

Die streng rotfigurigen Vasen. Das Streben nach Klassik ist für den Kreis der streng rotfigurigen Gefässe in hohem Grade bezeichnend. In ihm vollzieht sich der eigentliche Umschwung vom gebundenen zum freien Stil, ja, es gibt hier Momente, die schon prinzipiell auf die Grundmotive des Barock ausgehen, auf Verstärkung der Einzelform an sich und Isolierung derselben in Bezug auf eine sie relativ modifizierende umgebende Gesamtheit. Dass die grossen Misch- und Kühlgefässe, Stamnos und Psykter, nunmehr geradezu als Typen des neuen Stils immer häufiger erscheinen, ist gewiss kein äusserer Zufall, denn auch die Amphorenformen wandeln sich in diesem Sinne: Alle Flächenabgrenzung fällt jetzt weg, und der ganze Bauch der Vase gilt als Bildfeld, wie dies vorzüglich bei der Pelike, einer schlauchförmig massig nach unten zu verbreiterten, gedrungenen Henkelamphora der Fall ist. Ihr Gegenteil stellt sich in der „Nolanischen Amphora" dar, bei der das Massengewicht insofern nach oben verlegt wird, als ein übermächtiger Hals auf zu klein geratenem Bauche sitzt. Wie die gleichzeitige, sonst normal gebildete Amphora mit Strickhenkeln, scheidet sie tektonisch scharf Hals und Schulter, während ein anderer auch in Nola in Campanien am öftesten gefundener Typ die weiche, vermittelnde Silhouette der Preisamphoren beibehält. Geschmückt werden alle diese neuen Amphoren recht sparsam, indem nur jederseits auf den dunklen Firnisgrund eine einzelne helle Figur oder höchstens Figurengruppe gesetzt wird, die manchmal als inhaltlich zusammenhängende Pendants gedacht sind.

Viel reicher gibt sich hingegen naturgemäss die in ihrer Architektur neuerdings grosszügig umkomponierte Kylix, die

47a. Aussenbild einer Schale des Duris aus Cervetri, in Berlin, mit Szenen aus der attischen Schulstube: Flötenunterricht, Schreibunterricht, daneben der Pädagoge.

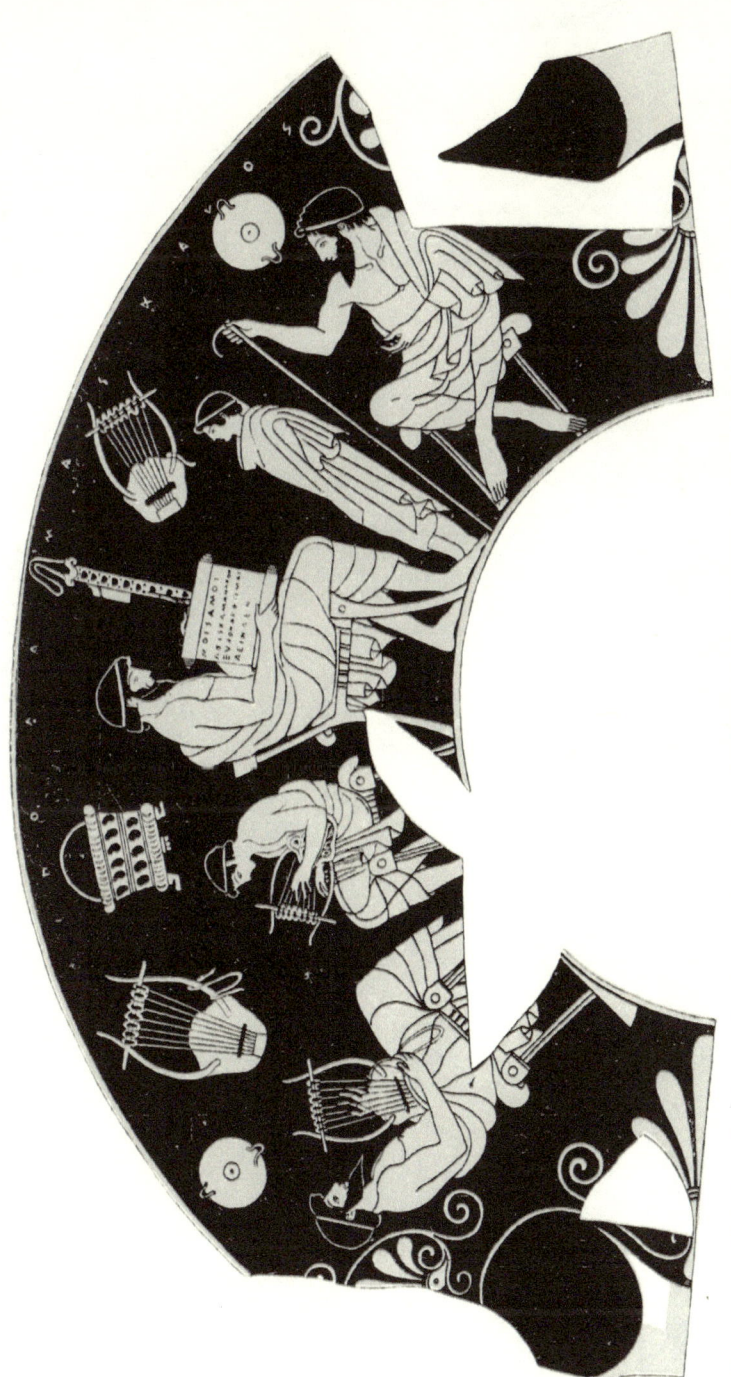

47b. Aussenbild einer Schale des Duris aus Cervetri, in Berlin, mit Szenen aus der attischen Schulstube: Unterricht im Spielen der Kithara, epische Rezitation, („Muse, am schönströmenden Skamandros, zu singen beginn ich."), daneben der Pädagoge.

Vase katexochen der Epoche, sowohl im Innenbild, wie in Schilderungen, die den äusseren Schalenrand vollständig in Anspruch nehmen, so dass die fast zusammenhängende Vorder- und Rückseite nur geschieden werden kann durch die ornamentale Cäsur der **Henkelpalmetten**, die sich hier sehr reich, sehr prachtvoll in einem ausgebildeten System zierlicher Ranken ad infinitum variieren (s. Abb. 47). Das Genre überwiegt augenscheinlich. Gymnasion und die von ihm untrennliche Päderastie spielen eine Rolle mit der Vorführung der Künste des Pentathlon, Diskos- und Speerwerfen, Wettlauf, Weitsprung und Ringkampf. In solchen Szenen ist die Gestalt, wie Julius Lange so tief sagt, nicht nur ein Gegenstand der Liebe, sie wird auch selbst erotisch. „Die Figur ist von einer gewissen einnehmenden Süsse durchdrungen, die sich sanft in die Seele schmeichelt." Damit abstrahieren doch auch wieder diese Bildnisse der athenischen Knabenwelt teilweise von aller Begehrlichkeit, geben sich als die willenlosen Vorstellungen eines uninteressierten Schönen. Der grosse Schalenmaler Duris hat uns so ein wunderreizendes Bild einer echten attischen Knabenschule gegeben (Abb. 47), deren reine Ästhetik ihren ersten Interpreten Adolf Michaelis zu einem Vergleich mit dem etwas beschränkten, aber äusserst lieblichen Bolognesen Francesco Francia begeistert hat. Und von einer ähnlich beschaulichen Genrestimmung erscheinen dann auch allerlei Einblicke in attische Werkstätten usw.

Aber auch die Kunst der aktiven Energie und der dramatischen Spannung kommt in dem gewiss vielseitigen, streng rotfigurigen Stil zu Rechte. Der Beginn des fünften attischen Jahrhunderts zeitigt die Geburt der Tragödie, und nun wird auch der gesamte figürliche Schmuck des mythologischen Epos von **einem** schier dramatisch einheitlichen Grundgedanken beherrscht. Dieses Epos ist wie zur schwarzfigurigen Zeit teils national-attisch, indem es die altberühmten Theseustaten erzählt (Schale des Duris im British Museum) oder vielleicht den eleusinischen Kyklos ausnutzt. Sogar die noch historischen Tyrannenmörder finden bereits ihre bildliche Apotheose auf manchem Trinkgeschirr (Stamnos in Würzburg), was keineswegs merkwürdig ist, da just ein Skolion gleichen Inhalts einen vorzüglichen Ruhm als Tafelgesang genoss. Andernteils bietet diese Periode die schönsten Illustrationen der trojanischen Sage in allen ihren Partien dar.

48. Herakles ringt mit dem Riesen Antaios. Von einem Krater des Euphronios aus Caere, im Louvre.

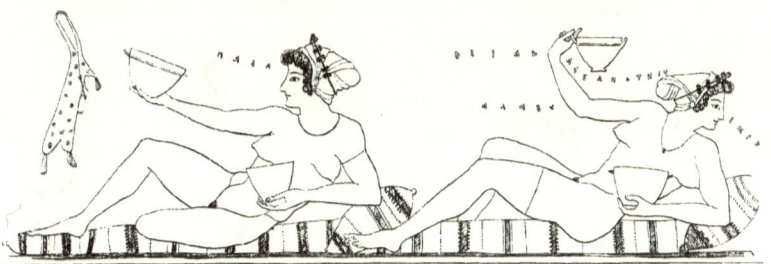

49. Hetären, Kottabos spielend, von einem Psykter des Euphronios aus Caere, in St. Petersburg: links „Liebchen", rechts „Kleinchen", die ausruft: „Wem werfe ich diesen Weinrest zu, o Leagros?"

Man hat in einigen dieser Szenen sachlich konkrete Einwirkungen des zeitgenössischen Dramas sehen wollen. Das könnte möglicherweise für die Zeiten n a c h Euripides stimmen, jedoch für die Epoche der streng rotfigurigen Vasen ist eine mehr als f o r m a l e Abhängigkeit zu konstatieren verfehlt. Immerhin wird die zu behandelnde Fabel jetzt nach skenischem Muster in nacheinander verlaufende Einzelauftritte zerlegt, die bald aussen, bald innen auf den Schalen mit geradezu antithetischer Absicht kontrastiert werden (vgl. die Troilosschale des Euphronios). Gut ausgewählte Nebenfiguren erhalten die Rolle des interpretierenden oder glossierenden Chors der attischen Tragödie. Auch der bekannte Botenbericht ist nicht selten aus ihr in die bildende Kunst übertragen.

* * *

Jetzt, im streng rotfigurigen Vasenstil, setzen sich auch die Individualitäten unter den Malern fort, doch freilich nur Individualitäten der Menge, nicht des Individuums. Wenn darum Wilh. Klein Euphronios, Edmond Pottier Duris und Furtwängler seinen Euthymides zu Helden von Monographien erhoben, so ist solch ein griechisches Heldentum ja nicht im Sinne des modernen Künstlers zu nehmen. Diese griechischen Banausoi, „mittelmässige und doch hervorragende Handwerker", wie Pater sie bezeichnet, erscheinen nur als präzise kunstgewerbliche Ausflüsse eines durchgehend feinen attischen Kunstfluidum oder bestenfalls als die prominenten Glieder, vielleicht Zentren materieller Kunstgruppen.

Von E u p h r o n i o s, dem berühmtesten der Schalenmaler, weiss man, dass seine Kunst sehr in Mode war und ihn laut einer

50. Herakles und Eurystheus. Aussenbild einer in Vulci gefundenen Schale aus dem Atelier des Euphronios, im British Museum.

auf der Akropolis gefundenen Weihinschrift zum reichen Manne werden liess. Wenn er auch noch mit dem Epiktetischen Kreis durch den Töpfer Kachrylion zusammenhängt, der ihm eine Kylix lieferte, so übt er doch gleich seine ganz eigene, neue Charakteristik aus: Schon sein authentisches Frühwerk, der Antaios-Krater aus Caere im Louvre, verblüfft in dieser Hinsicht (Abb. 48). Hier ringt Herakles mit dem barbarischen Riesen Antaios, „dem Sohne des Wassers und der Erde". Schier porträtmässig sind die Köpfe der beiden Kämpen behandelt, der Grieche in geziemender Modetracht seines sorgfältig gekräuselten, tiefschwarzen Haupt- und Barthaars, der Barbar mit seinen langen, blonden Strähnen, die mit aufgesetzter bunter Farbe angegeben sind. Die Aktzeichnung der frontal gesehenen, in strengster Gesetzmässigkeit geometrisierten Bauchmuskulatur weist den gleichen Detailstil wie die nur wenig jüngeren Aigineten auf. Links und rechts von dieser in flachem Dreieck sich lagernden, unproportioniert grossen Hauptgruppe sind, bedeutend kleiner, fliehende Frauen dargestellt, die als Statisten eigentlich nicht mehr wie typische Schemen der schwarzfigurigen Tradition sind. — Die andere Seite des grossen Mischgefässes schildert das Debüt des schönen Flötenspielers, der zwischen zwei nicht minder niedlichen Altersgenossen das Podium besteigt, das die Geschmack verratende Inschrift pais kalos trägt. Noch zwei weitere Gefässe besitzen das Signet des Malers Euphronios im Gegensatz zu den andern

51. Theseus und Amphitrite. Innenbild einer in Caere gefundenen Schale aus dem Atelier des Euphronios, im Louvre.

52. Knabe mit Hase, dem Symbol der Lieblingsminne. Innenbild einer in Caere gefundenen Schale aus dem Kreise des Euphronios, im British Museum.

von ihm bezeichneten Werken, die ihn nur als Atelierbesitzer oder als Töpfer kennen: Der Kottabos-Psykter in Petersburg (Abb. 49) zeigt schöne, nackte Hetären beim Symposion in einem eigenartigen Spiel, kottabos, begriffen, welches darin bestand, einen Weinrest so geschickt in eine auf hoher Stange balancierende Schale zu schleudern, dass diese beim Herabgleiten auf eine zweite Schale hell klingend aufschlug. Die Münchener Geryoneusschale stellt im Aussenrand die nämliche Arbeit des Herakles vor, die sowohl in der chalkidischen (Abb. 15), wie auch in der schwarzfigurigen Malerei behandelt wurde; im Innenbild trabt ein athenischer Junker, der schöne Leagros, zu Pferde daher.

Der Hauptunterschied zwischen diesen „gemalten" ($\H{\varepsilon}\gamma\varrho\alpha\psi\varepsilon\nu$ pinxit) und den folgenden „gemachten" ($\grave{\varepsilon}\pi o \acute{\iota}\eta\sigma\varepsilon\nu$ fecit) Gefässen liegt nur in der epigraphischen Signatur. Man soll sich hüten, nach dem Vorbilde der neueren Kunstgeschichte von „Schüler- und Meisterhänden" reden zu wollen, da die

53. Achill verbindet den verwundeten Patroklos. Innenbild einer in Camposcala bei Vulci gefundenen Schale des Töpfers Sosias, jetzt in Berlin.

Qualität und der Stil der Objekte zu diesen feinen Unterscheidungen nicht berechtigt und wir zu solchen Analogieschlüssen auch keineswegs einen g e n ü g e n d e n Einblick in die Betriebe antiker Vasenwerkstätten haben. Stützen sich doch sogar unsere Ansichten über die Urbedeutung des scheint's so simplen griechischen fecit und pinxit nur auf Wahrscheinlichkeitsvermutung!

Klein kennt sechs, teilweise recht fragmentarische Schalen mit der Inschrift Euphronios fecit, wozu noch etliche Stücke Hartwigscher Attribution kommen. Im British Museum befindet sich als Aussenbild die Geschichte, wie Herakles den König Eurystheus mit dem erymanthischen Eber in schlotternde Furcht jagt (Abb. 50), während im Innenbild dieser Schale ein kahlköpfiger Alter mit einer feilen Dirne schäkert. Eine andere Schale in Florenz gibt die höchst jämmerliche Tragödie des durch Achilleus getöteten troischen Prinzlein Troilos wieder. Die am meisten bewunderte der fecit-Schalen des Euphronios ist die T h e s e u s s c h a l e aus Caere im Louvre (Abb. 51). Ihre Randbilder sind den vier Theseussiegen über Skiron, den Fusswascher, Prokrustes, den Bettstrecker, Kerkyon, den Ringer, und den mit einem Lasso gebändigten marathonischen Stier gewidmet. Das aussergewöhn-

54. Hektors Rüstung von einer Amphora des Malers Euthymides, des Sohnes des Polios aus Vulci, in München.

lich grosse Innenbild, von prächtiger Palmettenborde gerahmt, führt uns Theseus in Meerestiefe bei der Göttin Amphitrite, aus deren Händen er einen weissen Kranz empfängt, vor, getragen von Tritonen, geleitet von Delphinen und beschützt von seiner ständigen Patronin Athena. Diese Sage fand ein halbes Menschenalter später ihre grösste Bildmanifestation in den Theseusfresken des ionischen Malers Mikon in dem durch Kimon neugeschaffenen Theseion. Aber schon der Balladendichter B a k c h y l i d e s von Keos, der Schwestersohn des Simonides, hat noch vor der Entstehung der Euphroniosschale ein Lied ge-

dichtet, das von einem Tanzchor halberwachsener Knaben und
Mädchen auf Delos an dem Apollonaltar gesungen wurde, den
Theseus, als er von dem kretischen Zug mit den vierzehn Athener-
kindern heimkehrte, gestiftet haben soll. Die Ballade erzählt, wie
König Minos, der Sohn des Zeus, einen Ring in die Flut wirft, um

55. Zeus raubt ein schlafendes Mädchen. Innenbild einer unsignierten Schale des Duris, im Louvre.

Theseus' Abstammung von Poseidon zu prüfen. Theseus springt
sofort nach:

     Doch hurtig trugen den grossen Theseus
     die Meerbewohner hinab, die Delphine,
     zum Haus seines Vaters, des Herrn der Rosse.

     Er sah auch des Vaters liebe Gemahlin,
     die mächtigen Augen der hohen Herrin,
     Amphitrites, im schmucken Palaste.
     Die schlang um ihn einen Purpurmantel,
     und auf das Gelock des Hauptes drückte
     sie ihm ein Schmuckstück bewunderungswürdig,
     die Hochzeitsgabe der Aphrodite,
     einen buschigen Kranz von Rosenblüten. —
          (Übersetzt von Wilamowitz.)

56. Ostrakismos der Helden, unter dem Präsidium Athenes, beim Streit um die Waffen des Achilleus. Aussenbild einer Schale des Duris aus Caere, in Wien.

Die Werke des Euphronischen Umkreises sind echte, tolle Genrestücke, Gastgelage und Erotik in äusserster Potenz (Abb. 52); innige Umarmungen, Zoten und groteske Personifikationen einer komischen Sinnlichkeit wie jene Silene, die einen grossen Phallosvogel als Reittier besteigen. Unter Schuleinfluss des Euphronios stehen Onesimos und Sosias. Von dem strengen Sosias existiert eine Schale des Berliner Museum, deren Aussenbild ähnlich wie der Parthenonfries den „Zwölfgöttern" sich widmet. Und ihr Innenbild, Achilleus verbindet Patroklos, bietet all die sublime Feinheit dar, die im griechischen Tondo überhaupt ausgedacht werden kann (Abb. 53).

Im Gegensatz zur Gruppe des Euphronios blüht zur selben Zeit die des Euthymides, des Sohnes des Polios, der nicht Schalenmaler war, sondern vorzugsweise Hydrien und Amphoren schmückte. Schon zu Lebzeiten befanden sich beide Meister in scharfer Konkurrenz untereinander, was sogar aus mancher Vaseninschrift des Euthymides erhellt: Vortrefflich wahrhaftig! schreibt er zu seiner eigenen Zeichnung hinzu und ein andermal mit der unverblümten Absicht, den in Modegunst stehenden Nebenbuhler auszustechen: So schön, wie es niemals Euphronios fertig bringt! Diese Tendenz eines Hinaufschraubens der Qualitäten des Euthymides auf Kosten des Euphronios wurde nun auch in unseren Tagen wissenschaftlich wieder verfochten. Doch verdient Euphronios immerhin den entschiedenen Vorzug vor seinem Rivalen durch die weit grössere Beweglichkeit seiner Komposition

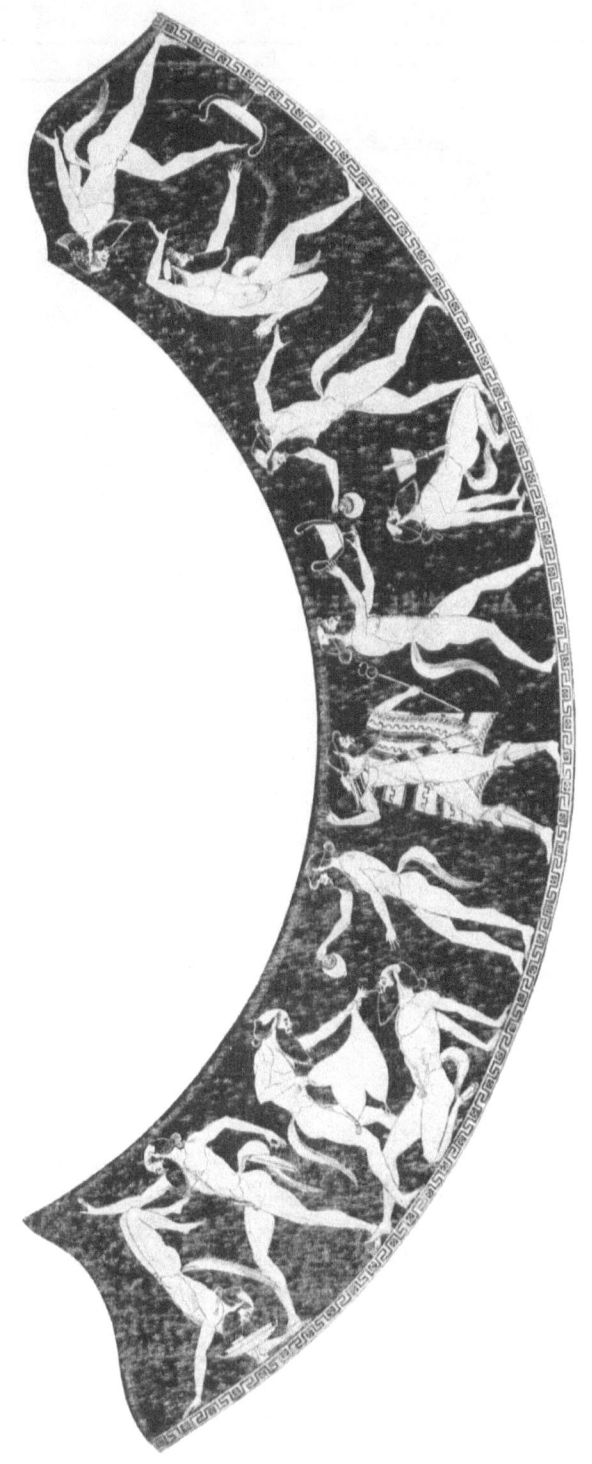

57. Sich als Akrobaten produzierender Satyrchor von einem Psykter des Duris aus Caere, im British Museum.

58a. Iliupersis. Aussenbilder einer in Vulci gefundenen Schale aus dem Atelier des Brygos, jetzt im Louvre.

58b.

wie seiner künstlerischen Erfindung. Bei Euthymides stehen regelmässig drei klotzig grosse Gestalten traditionellster psychologischer Motivierung nebeneinander, mag nun der Titel „Hektors Rüstung" (Abb. 54), „Die Eingeweideschau" oder „Kriegers Abschied" lauten und eine gymnastische oder bakchische Szene darstellen. Noch einen Nachahmer dieser schwerfälligen Statuarik findet Euthymides in dem altertümlichen Phintias.

* *
*

59. Rückerlangung der Helena. Von einem Skyphos des Malers Makron und des Töpfers Hieron aus Suessulla, in der Sammlung Spinelli zu Acerra.

Euphronios und Euthymides sind die Gipfel des streng rotfigurigen Vasenstils in seiner ersten Entwicklung, die ungefähr von 500 bis zum Ende der 80er Jahre reicht. Die zweite Stilphase, welche etwa die Zeit von 485 bis nach 460 umfasst, wird durch die Schöpfungen der Meister Duris, Brygos und Hieron bezeichnet. Von dem Bedeutendsten, D u r i s , kennen wir fast nur Schalen, 21 an der Zahl und meist mit dem Maler-Signet versehen. Seiner zierlichen, süssen Bescheidenheit hat Edmond Pottier ein smartes Monographielein gewidmet, was Duris sicher noch am ehesten nächst Euphronios verdient, dessen Gegenstück er ja als künstlerischer Charakter darstellt. Denn wenn Euphronios und Brygos gross in der Vorführung einer tatengedrängten Aktion sind, so müssen die „Existenzbilder" des I o n i e r s Duris als vollendete beschauliche Beschreibungen reiner Zuständlichkeit gelten. Dass aber auch seine eigentlichen Erzählungen doch nicht unter dieser vorherrschenden Veranlagung leiden, ist in der durchgängig wunderschönen Einzelausführung begründet (Abb. 55): die Taten des Theseus im British Museum wurden schon genannt. Im k. k. österreichischen kunsthistorischen Museum befindet sich das ebenfalls epische „Wiener Schalenpaar", von dem das eine Gefäss den Streit um Achills Waffen, das andere allgemeine Rüstungen zum Kampf aufweist. Ersteres ist gewiss das wertvollere: köstlich ist hier vor allem die Aussendarstellung des Ostrakismos, der Abstimmung mit Steinchen der Helden unter dem

Präsidium Athenens (Abb. 56). Aber auch das Innenbild der zweiten, eine Jungfrau schenkt dem aufbrechenden Krieger den Labetrunk ein, ist als echtestes Stimmungsbildchen des Duris ganz entzückend. Und Stimmungskunst, aber elegische, ist ebenso die antike Pietà auf einer Louvreschale: Eos betrauert ihren von Achill erschlagenen Sohn Memnon. Auf dem einzigen Psykter des Meisters sind tolle bakchische Possen in den gewagtesten Verkürzungen und Überschneidungen prachtvoller Akte gemalt: Silene haben sich gut bezecht und machen nun im Weinrausch ihre überlustigen Akrobatenkunststückchen vor, die teilweise denn auch „jeder Beschreibung spotten" (Abb. 57).

Gibt sich Duris in seiner Empfindungsrichtung mehr als Lyriker, so ist B r y g o s, von Heimat Nordgrieche, sehr zur dramatisch lebhaften Schilderung talentiert. Im wesentlichen Atelierbesitzer, zeichnet er sich durch rührige Vielseitigkeit in seinen Schalenbildern aus. Die Stoffe entnimmt er dem attischen und troischen Sagenkreise, verhält sich aber auch durchaus nicht dem dionysischen Thema gegenüber ablehnend. Zur ersteren tragischen Art rechnet sich seine berühmte Iliupersisschale des Louvre (Abb. 58), die den fruchtbaren Moment festhält, wo Neoptolemos den kleinen Astyanax am Altar des Zeus zerschellt, auf dem der greise König flehend kauert, indessen auf der anderen Seite die kühne Andromache mit geschwungener Mörserkeule herbeistürzt. Dem zweiten Genre gehört die Würzburger Schale des Komos, des lustigen Zecherzuges, an, auf deren Innenbild die bangen Folgen solchen Treibens geschildert sind. Ein damals viel aufgeführtes Satyrspiel des Achaios stellt sich uns offenbar in der Schale des British Museum dar, wo geile Silene die Götterbotin Iris und Hera selbst, die würdige Gattin Zeusvaters, anfallen. Die ausserordentlich temperamentvolle Innervation der Akte hier findet ihre Analogie in dem Akrobatenpsykter des Duris, wenngleich jetzt nicht n u r der nackte Körper sinngemäss durchgefühlt erscheint, sondern ebensogut der bekleidete, „indem diese Generation stets den Kontur des Körpers in die Gewandung hineinzeichnet".

Der Mindeste an Qualität der drei jüngeren streng rotfigurigen Hauptmeister ist der Fabrikant H i e r o n. Seine Schalen und Näpfe sind in ihren trockenen Figurenschemen wenigstens partiell nur Unternehmerware. Besseres darf man zumeist erst dann von ihm erwarten, wenn er tüchtigere Hilfskräfte in sein

60. Dionysischer Gottesdienst. Aussenbild einer Schale des Hieron aus Vulci, in Berlin.

61. Herakles schilt die Argonauten wegen ihrer Untätigkeit auf Lesbos. Polygnotisches Vasengemälde von einem kelchförmigen Krater aus der Nekropole von Orvieto.

62 Theseus im Amazonenkampfe. Polygnotisches Vasengemälde, von einem Aryballos aus Cumae.

Atelier zieht. Von ihm ist der interessante Peithinos abhängig (Schale aus Vulci in Berlin mit männlichen und weiblichen Liebesszenen aussen, Thetis' und Peleus' Ringkampf innen), und von dem Maler Makron gibt es einen hübschen Skyphos aus der Töpferei Hierons mit der Entführung Helenas und der Rückerlangung durch Menelaos nach Trojas Fall (Abb. 59). Auch sonst nehmen trojanische Bilder einen ausgedehnten Raum in seinem Gesamtoeuvre ein, indessen die attische Lokalmythe ein reicher Kyathos (Tasse) aus Capua mit Triptolemos im Götterkreise vertritt, mit einer Zeichnung, bei der vieles Detail in Kirschrot gehöht erscheint. Aber am liebsten hat Hieron Gefässe, die der Verherrlichung von Dionysos und Eros gewidmet sind, fabriziert — sicher nicht ohne Rücksichtnahme auf den Geschmack seines Bestellerkreises: Übermütige Satyrn hofieren neckische Mänaden. Der Herme des Gottes Iakchos wird Huldigung und wilder Tanz dargebracht (Abb. 60), oder Flötenspielerinnen wiegen sich in Krotalen- (Kastagnetten) begleiteten Rhythmen. Auch der männlichen Knabenliebe ist gar gerne gedacht mit allerlei Geschenken, Häschen, Blumen und Bekränzungen.

> Veggo fanciulle scender da l'acropoli
> in ordin lungo; ed han bei pepli candidi,
> serti hanno al capo, in man rami di lauro,
> endon le braccia e cantano.
>
> Piantata l'asta in su l'arena patria,
> a terra salta un uom nell' armi splendido:
> è forse Alceo da le battaglie reduce
> a le vergini lesbie?
> Giosuè Carducci. Fantasia.

Die schönrotfigurigen Vasen. Die attischen Vasen von etwa 465 bis nach 430 bilden **die vollendete Klassik** im Gegensatze zu aller vorhergehenden oder auch nachfolgenden Romantik. Diese schönfigurige Eleganz stellt nicht mehr einen autonomen Stil dar: Das Kunsthandwerk, „die niedere dekorative Kunst", überlässt die Führung der hohen reinen Bildkunst des Fresko der „ethischen Maler" **Polygnotos** aus Thasos und **Mikon** von Athen, die gerade damals die Bunte Halle am Markt, die Ruhmeshalle der Perserkriege, ausmalten, und in der zweiten Entwicklungsphase des Stils der Reliefplastik des Parthenonmeisters **Pheidias**.

63. Wollspinnerinnen bei der Arbeit von der Dose des Megakles, in Paris.

Die Abhängigkeit von den Monumentalkünsten in Bezug auf den Stil wird durch die gleiche Erscheinung betreffs des Inhalts begleitet, so dass die Vasenbilder dieser Zeit nicht nur häufig wortgetreue Benutzungen des Parthenonfrieses oder der Metopen darstellen, sondern auch ganze Gemälde des Polygnotos und seiner Genossen wiedergeben mit allem Drum und Dran von Figuren und landschaftlichem Beiwerk: Auf einem kelchförmigen Krater aus der Nekropole von Orvieto ist eine der Darstellungen des Anakeion reproduziert, wie Herakles die Argonauten schilt ob ihrer Untätigkeit auf Lesbos (Abb. 61). Aus der Stoa poikile stammt das Bild des Theseus im Amazonenkampfe (Abb. 62); auf einem Berliner Napf sehen wir Odysseus' Freiermord nach dem Polygnotischen Fresko im Tempel der Athena Areia in Plataiai. Dagegen den Anfängen des schönfigurigen Stils, wo noch weniger von solchem Einfluss zu spüren ist, gehört die Kodrosschale in Bologna, Medeia in der attischen Königsfamilie, an und die noch von Brygos abhängige „Vivenziovase" in Neapel, eine Hydria mit der altbekannten Iliupersis.

Wenn diese Kopien auch künstlerisch keineswegs die Frische originärer Erfindung der schwarzfigurigen und streng rotfigurigen Vasen ersetzen können, so mögen sie uns doch archäologisch nützlich sein zur R e k o n s t r u k t i o n der total verlorenen Originalfresken Polygnots: Diese Polygnotischen Gemälde haben f r i e s a r t i g e n C h a r a k t e r. Aber speziell gehen sie auf eine Sichtbarmachung der perspektivischen Räumlichkeit aus, wollen noch m e h r zeigen, als was in e i n e r Betrachtungsebene liegt. Diese Aufgabe war, streng genommen, für das eigentliche Griechenland neu, wenn auch jene orientalisierenden Gefässe in ihren übereinandergestaffelten Friesreihen unbewusst symbolische Perspektiven wiedergaben, da ja n i c h t n u r die ägyptische Kunst das Hintereinanderliegende harmonikaähnlich auseinanderzieht, um es in v e r t i k a l e r Deutlichkeit aufzureihen. Von solcher Etagenform ausgehend, versucht Polygnotos eine räumliche Wahrscheinlichkeit durch **Verwischung** aller scharf horizontalen Grenzen zu erreichen, indem er seine Streifen mählich auf- und absteigen, sich durchkreuzen lässt und sie durch einzelne im Zwischengeschoss befindliche Figuren in Übergängen verbindet. Die sachliche Motivierung der **aufgelösten** Streifenmanier ist landschaftlich gedacht, indem dünne gewellte Berglinien gleich Theatersoffitten zwischen den Gestalten daherlaufen, die so auf einer Hügelkette stehend agieren.

Auch **einzelne Gestalten** müssen die angestrebte Dreidimensionalität verstärken. Der polygnotische Stil ist der eigent-

64. Becher in Form eines Silenkopfes.

liche Erfinder der mannigfachen Dreiviertelansichten und der verkürzten Facefiguren in all ihrer Detaillierung, so dass jetzt z. B. ein seitlich betrachtetes Auge **stets** seine natürlich beobachtete Form erhält. Trotzdem sprengt Polygnot durch diesen stereometrischen Realismus seiner differenzierten Körperlichkeitsempfindung die Komposition deshalb keineswegs, weil sie **geometrisch** wieder zusammengehalten wird. Mit seltener Sorgfalt arbeitet dieser Stil mit einer strengen Ökonomie der Gegensätze, verteilt seine statuarischen Profilfiguren, rahmenden

Pfeilern gleich, an die beiderseitigen Enden, lässt verschieden variierte Gliederstellungen im Contraposto sich wechselweise ergänzen und gipfelt seine Gruppen in ragenden Facegestalten auf: Dem durch Polykleitos klassisch gewordenen Gegensatz von

65. Attische Lekythos mit Totenspende aus dem Peiraieus, im Louvre.

festem Standbein und locker vorgeschobenem Spielbein entspricht das natürliche Zerlegen der stoffreichen Gewänder in lange Vertikalfalten und in mehr rundlich ondulierende Linienpartien, wozu noch die einfacheren Kontraste von glatt ausgebreiteten grossen Flächen und von durch reiche Fältelung zerkleinerten kommen. Wie sehr solche Bewegungsmotive die ganze zeitgenössische Phantasie absorbierten, ersieht man daraus, dass das Epos oft nur als Gelegenheit galt, derlei Füllfiguren von schöner Stellung anzubringen: Typisch ist der Doryphoros, ein Mann, der sich auf seine Speere leicht stützt, oder die beiden sich einander ins Gesicht sehenden Stehfiguren, von denen die eine den eingeknickten Arm auf die Schulter der andern legt und dabei „nur elegant" die Unterschenkel kreuzt; ein sein linkes Knie mit beiden Händen umschlingender, sitzender Jüngling geht auf den Prototyp des Ares im Parthenonfries zurück (s. Abb. 61 in der Mitte) usw. —

Der klassische grosse Pomp des schönfigurigen Stils hat sein äquivalent grandioses Substrat in neuen breitflächigen Gefässformen gefunden. Von Jahr zu Jahr sind jetzt die grossen Vorratsvasen, der Weinkühler Psykter, der Mischkrater und eine unten zugespitzte Amphorenvarietät und ihr Gegenteil, die kleinere Pelike, mehr in Gebrauch. Der Krater, der bis zur Mitte des Jahrhunderts in Kelchform seine Silhouette nach innen einzog, bauscht sich nun zum Glockenkrater seitlich aus. Die Hydria gibt die im schwarzfigurigen Stil entwickelte architektonische Trennung von Hals und Bauch auf und vermittelt hier mit schwellender Rundung.

Diesen grossen Gefässformen stehen rokokohaft kleine Zierlichkeiten in vielerlei Salbgefässchen und Büchschen ergänzend gegenüber. Die Pyxis ist Trägerin streifenförmiger Genreformen: auf der Dose des Megakles spielen sich Schilderungen aus der Frauenwohnung ab, Wollspinnerinnen sind bei der Arbeit (Abb. 63), oder es werden Hochzeiten en miniature gefeiert. Merkwürdige Alabastra kommen in dieser Zeit vor, die wie eine Etikette auf den Inhalt bezügliche Darstellungen haben, für ägyptische Salböle, z. B. äthiopische Neger. Sonst findet sich auf dem jetzt sehr präzis und niedlich profilierten Aryballos bald Heroisches, bald das Genre, das zwar im Verhältnis zum streng rotfigurigen Stil verkleinlicht erscheint, aber doch noch nicht so hässlich nippfigurenmässig wie in den letzten Dezennien dieses und in dem ganzen folgenden Jahrhundert. Die dem Aryballos nahestehende Lekythos ist manchmal zur Kugel zusammengeballt, manchmal aber auch realistisch wie eine Eichel mit Näpfchen und Frucht geformt, wobei die letztere den Bildgrund abgibt.

66. Grabesszene auf einer attischen Lekythos, in Berlin.

Grausam realistisch sind endlich auch alle die attrappenartigen Figurengefässe, die das Ende der griechischen Vasenkunst künden, der Kantharos, ein stark modellierter kleiner Henkelbecher auf einem Fuss, und das Rhyton, auch direkt keras genannt, das stets in langgestreckter Tierform endigende thrakische Trinkhorn, aus dessen Maul man sich den Weinstrahl geschickt in die Kehle zu giessen hatte, oder jene modischen menschlichen oder ebenfalls tierischen Kopfbecher, denen ein in rotfiguriger Malerei dekorierter Becherrand aufsass (Abb. 64).

Scheint sich hier im naturalistischen Nachlassen der funktionsbewussten Stilisierung schon ein Barock anzukündigen, so lässt sich das gleiche auch in der Art der neuen Bilderverteilung erkennen. Denn andererseits fällt jegliche seitliche Begrenzung der Bildflächen nun vollends fort, und das Gemälde zieht sich, immer mehr in die Höhe wachsend, um die ganze Vase „wie ein reicher Kranz" herum. Und von derselben Intention scheint das oft nun übliche Hinübergreifen einzelner Gestalten über den

Rand des Bildfeldes zu sein. Andererseits jedoch wird auf den ja vorzugsweise mit grossen konzentrierten Einzelgruppen geschmückten Amphoren und Kratern eine **Wertunterscheidung von Avers und Revers**, Haupt- und Nebenseite vorgenommen, indem nur die Frontansicht sorgsam ausgeführte Zeichnungen erhält, die zu vernachlässigende Rückpartie aber drei in öder Gleichförmigkeit hingestrichene „Mantelfiguren", die kaum ornamental wirken sollen.

Diese souveräne Leichtigkeit von Konzeption und Ausführung macht den Totaleindruck der polygnotischen Vasenmalerei aus. Ihr Epigonenhaftes lässt nicht die **persönliche** Vermannigfaltung aufkommen, wie sie der streng rotfigurige und schon der reife schwarzfigurige Stil gezeitigt hatte. Nur wenig Künstlernamen tauchen auf: Hermonax und ein gewisser Namensvetter des grossen Ioniers, Polygnotos, bilden Stamnoi und Peliken, Epigenes und Sotades Kantharoi und Hegias Schalen.

Die bunten attischen Lekythen. Die buntbemalten, weissgrundigen Lekythen der zweiten Hälfte des fünften und der ersten des vierten attischen Jahrhunderts sind Totenbeigaben nach ihrer **sachlichen Bedeutung**, die freilich die Lekythos erst zu Anfang des fünften Jahrhunderts erlangt hat: denn ursprünglich ist sie nichts als ein simples Ölfläschchen, das seinen sepulcralen Charakter erst dadurch empfängt, dass man die Leichen mit dem in ihm enthaltenen Öl einbalsamierte. Die typische Gefässform der Lekythos ist von ungemein zierlicher Architektur: Zu dem walzenförmigen Bauch, der, unten sich konvex zusammenschnürend, seinen Anschluss an die scheibengleiche Fussplatte findet, kontrastiert ein schlanker Hals, der aus einer scharf nach innen gerundeten Schulter emporsteigt und in einen geräumigen Mündungstrichter ausläuft (Abb. 65). Auf dem mit weissem Pfeifenthon grundierten Rumpf erscheint in verdünnter Firnisfarbe, die bald matt schwarz-bräunlich, bald heiter rotgelb schimmert, und die dann noch in einzelnen bunten Tönen, etwa zur Hervorkehrung der Gewänder, Unterstützung erhält, das entzückende Bildchen in leichtbeschwingten Pinsellinien hinskizziert, deren nur wenige Gestalten umfassende höchst verinnerlichte Harmonie etwa dem gleichkommt, was unser Jahrhundert bei den Zeichnungen Rembrandts empfindet.

Die Darstellungen der Grablekythen nehmen natürlicherweise immer ihren Bezug auf den Tod. Da erscheint die pal-

67. Aphrodite in der Muschel. Bemaltes Parfumgefäss, gefunden auf der Halbinsel Taman, jetzt in St. Petersburg.

mettengekrönte Stele mit roten Wollbinden oder vielen kleinen Lekythien geschmückt, zu deren Seiten teilnahmvolle Wanderer stehen, sich bei dem vor dem Grabe sitzenden Verstorbenen nach seinem Erdenschicksal erkundigend (Abb. 66). Oder die feierliche Aufbahrung mit den Klagejungfrauen wird abgebildet und die Grablegung selbst, deren poetischste Version es ist, wenn sie nicht durch Menschenhände geschieht, sondern durch die geflügelten Halbgötter, die stillen Brüder Schlaf und Tod. Und einmal an den Pforten der Unterwelt angelangt, wird der Tote von dem „grämlichen, greisen Charon", dem Fährmann, über die stygischen Gewässer hinübergeleitet, wobei es dann ein der Menschlichkeit abgesehenes hübsches Detail ist, wenn die Weiber mit Geflügel oder kleinen Laden in der Hand sich einstellen, um Charon damit zu entlohnen. Nicht selten ist auch Hermes Psychopompos der eigentliche Leiter der flatternden Seelenherde. Oder zu anderen Malen fasst man den Tod als ein mehr heiteres seliges Sein, als ein Weiterleben „im unteren Hause" auf. Daher dekoriert man wie zum Feste reichlich den Stein; auf seinem Stufensockel lässt ein Kitharode sein Lied erschallen, und eine elegante Dame lehnt genau wie auf den attischen Grabreliefs in bequemem Stuhle, von schönen Sklavinnen bei ihrer Toilette bedient.

Während des vierten Jahrhunderts werden die Lekythen in ihrer Gefässform immer schlanker, ihr Kolorismus wird farbiger und ihre Zeichnung gleitender, schneller. Das ist das deutliche Werden des Barock. Aber überhaupt sind diese b u n t e n

68. Das Ende des kretischen Riesen Talos. Von einem attischen Volutenkrater reichen Stils aus Ruvo.

69. Die Dioskuren rauben die Töchter des Leukippos und Herakles im Hesperidengarten. Von der Hydria des Meidias, im British Museum.

Linienstimmungen an sich schon Barocksymptome. Gehen wir weiter noch zurück, so finden wir bereits im Euphronischen Kreis eine massvolle Mehrfarbigkeit oder sparsame V e r g o l d u n g. Im Berliner Antiquarium gibt es eine Schale von Euphronios selber, die ein Innenbild, bunt auf weissem Grund gezeichnet, aufweist. Somit wird die Auflösung der p l a n i m e t r i s c h e n Flächengebundenheit nicht nur wie auf den polygnotischen Vasen im Sinne p l a s t i s c h e r Raumbelebung vorgenommen, sondern auch in k o l o r i s t i s c h - m a l e r i s c h e r Tendenz. Gerade dies lehren uns die bunten attischen Lekythen, deren zart lasierende Polychromie, angeregt von der Marmormalerei des Pheidias, in einem W e s e n s gegensatze steht zu den strengen roten Silhouetten auf opak schwarzem Grunde. Sie sollen impressionistisch, wie man sagt, die Körper in den natürlichen Lichtwirkungen wiedergeben, das Modelé in Form und Ton, Kunsterrungenschaften, die in der grossen Monumental-, aber auch Tafelmalerei der Theatermaler Agatharchos von Samos und der Schattenmaler, skiagraphos, Apollodoros von Athen, entdeckt hatten.

IV. Barocco.

Man kann die Geburt des griechischen Barock gleichsetzen mit der Entstehung der Giebelgruppen des Parthenon, die ja als plastisches Phänomen die grösste Antinomie bedeuten zu der alten Raumgebundenheit der Metopen und des Frieses. Für die Malerei war diese völlige Loslösung von der Tektonik der Fläche der Anfang vom Ende.

Heinrich Wölfflin hat die klassische Definition für den Gefühlsinhalt der Barockphase, wie sie bei j e d e m historischen Stil eintreten muss, gegeben: Der Barock ist vor allem der „malerische Stil", das freie Malerische als Gegensatz zu jeder streng architektonischen Zeichnung. Diese Linien bilden keine Grenzen mehr einer bestimmten Daseinsform, sondern hinweisende Übergänge zu weiteren, unendlichen Erscheinungen oder konkret zu M a s s e n. Und sodann ist der Barock der „grosse Stil", — „Steigerung der Grössenverhältnisse ins Kolossale" — absolut wie relativ genommen. Relativ wirkt die Grösse in der Erschaffung von K o n t r a s t e n, die nirgends so häufig und in solcher Dynamik entstehen. Wenn früher die Formen der Bewegung sich als Metrum abgespielt haben, so äussert sich barocker Schwung als kontrastierender Rhythmus. Die Seiten des Bildes werden in voller Stille belassen und die ganze Kraft der Mitte allein zugeführt. Wölfflin hat für seine Architekturbeispiele von einer „Steigerung der Plastik nach der Mitte" geredet. Ins Malerisch-Zeichnerische gewendet, kennen wir die Erscheinung schon von Euphronios' Antaioskrater her, und der freie Vasenstil baut das ihm höchst willkommene Kompositionsprinzip nicht nur malerisch aufs reichste aus, sondern betätigt es sogar im wörtlichsten Wortsinne: Es gibt Bilder dieser späten Periode, die nur auf beiden S e i t e n g e m a l t sind, sich in der Mitte aber zu einem richtigen, polychromen Relief höchst materiell steigern (Abb. 68).

Die attischen Vasen reichen Stils. Vielleicht sind die hässlichsten Folgeerscheinungen der realistischen Massigkeit und der plastischen Bewegung des Vasenbarock jene schon erwähnten Figurengefässe. Zu den Kopfvasen kommen jetzt noch mancherlei andere Attrappen, Körper verschiedenen Getiers mit schwarzgefirnisstem Hals, Henkel und Mündung. Die keramischen Ateliers von Tanagra scheinen in dieser Zeit neben ihren berühmten Statuetten Kugellekythen in Form von sehr weich modellierten und farbig naturalistisch bemalten Büsten fabriziert zu haben (Abb. 67). Sonst besteht der barocke Gegensatz von gigantischen Prachtgefässformen und spielerischen Miniaturtöpfchen in bequemer Übernahme des vom schönfigurigen Stil Erfundenen weiter, obwohl auch eine Form, die grosse Volutenhenkelvase, die ihren Haupttriumph in Apulien feiern sollte, noch dem attischen freien Stil zu verdanken ist.

Solch ein Volutenkrater ist die Talosvase des Museo Jatta in Ruvo (Abb. 68), welche stilistisch ganz der Altersmanier des Pheidias, jedoch ins Malerische potenziert, gleichsieht. Schon der Raum, in dem die nach ihrer sachlichen Wichtigkeit in der Grösse bemessenen Figuren hintereinandergestellt sind, ist v e r t i e f t gedacht ohne das Bestehen einer deutlichen Reliefbezugsebene: Eine blumenbestandene Wiese am Meeresstrand von Kreta dehnt sich da aus, wovon links in delphinenreicher See die Argo ruht, deren Herren trotz der Steinwürfe des kretischen Ortsriesen Talos die Landung erzwungen haben. Talos, der Gigant mit dem mächtigen, unversehrbaren Erzkörper, welchen der Vasenmaler durch ein glänzendes, aus seiner Ambiante herausspringendes Deckweiss und blässere Firnistöne in seiner stark plastischen Muskulatur charakterisiert hat, ist in den Armen der Dioskuren zusammengebrochen, überwunden durch die Todesgesänge der Zauberin Medeia.

Viel malerischer von Komposition als die im Grade der Parthenonskulpturen immerhin noch gebundene Talosvase ist die Londoner Hydria des attischen Malers Meidias (Abb. 69). In einem grossen Bilde stellt sie den Raub der Töchter des Leukippos durch die Dioskuren dar, in einem schmalen Fries darunter, der in dem alten, schwarzfigurigen Sinne wie eine Predella grössenmassstäblich wirken soll, Herakles im Hesperidengarten. Die Übereinanderstaffelung der Vorgänge nach Art der Polygnotischen perspektivischen Absicht, dass die hinteren, d. h. oberen Gestalten sich ver-

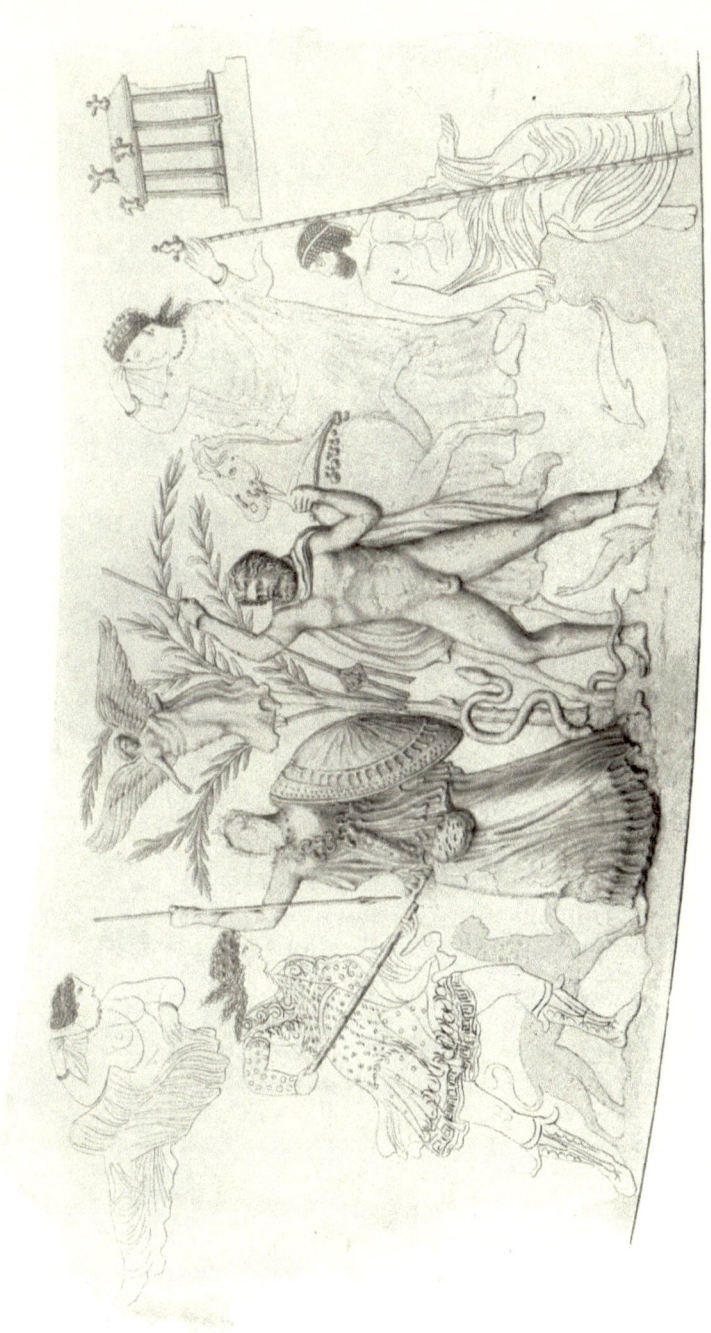

70. Streit Poseidons mit Athena um das Land Attika von einer bei Kertsch gefundenen Hydria des Xenophantos Athenaios, in St. Petersburg.

71. Cupido auf der Schaukel. Spätattisches kugelförmiges Lekythion.

kleinern, kann wieder auf einer späteren Pelike mit eleusinischen Illustrationen studiert werden. Eine Vase desselben Sagenkreises, Triptolemos' Aussendung, macht uns mit anderen Einzelheiten des reichen attischen Stils bekannt: die gewellten Bodenlinien der Polygnotischen Darstellungen sind in lauter feine Pünktlein aufgelöst.

Der Hauptfundplatz der spätattischen Vasen ist der Taurische Chersonnes, die südrussische Krim. Ein Spezialexport war offenbar nach diesen Kolonien gerichtet, obgleich auch am Pontos Euxeinos sogar an Ort und Stelle Manufakturen attischer Gründung bestanden: Xenophantos, der sich in abkunftsstolzem Kulturbewusstsein Athenaios nennt, hat die in Kertsch gefundene Hydria mit der Darstellung des Streites Poseidons und Athenas, einer bewussten typologischen Anlehnung an die berühmte Pheidiasgruppe des Parthenonwestgiebels, verfertigt, die wir eingangs des Kapitels ob ihrer konkreten Steigerung in einem Mittelrelief anführten (Abb. 70). Die jüngsten attischen Gefässe schon aus alexandrinischer Zeit scheinen die zu sein, die gänzlich auf freie Bildwirkung verzichten, indem sie sich genau das Muster von M e t a l l g e f ä s s e n zu eigen machen, die damals, in Silber oder Bronze herrlich hergestellt, das altertümlich schlichte Thongerät zu verdrängen begannen. Wie eine Reminiszenz aus der Vergangenheit kommen uns da noch die letzten Schalen vor, des Töpfers Erginos und des Malers Aristophanes.

* *
*

Indem die barocke Auflösung des zweiten Stadium das Tektonische verneint, fasst sie alle Dekoration rein als ein ornamental· graziöses Spiel auf. Damit ist sie g e n r e h a f t e s R o k o k o in derselben Niedlichkeit wie im Siècle Louis XV. geworden; Schon der schönfigurige Stil lieferte eine Menge derartiger kleiner Schmuckstücke. „Dionysos, das Satyrknäblein der Festschwärmerei Komos aus einem Kantharos tränkend" ist eine „gefühlvolle" Allegorie. Ein Bildchen desselben Stimmungsinhalts ist es, wenn Himeros, die Personifikation des Liebesverlangens, vom Scherz, Paidia, einem jungen Mädchen, geschaukelt wird (Abb. 71). Überhaupt kommen jetzt die Eroten in allerweitester, reizendster und leichtester Verwendung vor, und alle D i m i n u t i v f o r m e n , Kinderspiele und gar Karikaturen, sind für dieses vierte Jahrhundert stereotyp. Daher empfindet auch die neue Generation die vorzeiten so heilige Fruchtbarkeit der Dionysosdiener nur noch als unanständig: die Silene werden von nun ab nicht mehr ithyphallisch gezeichnet und haben sich salonmässig aufzuführen.

Zum Schluss sei noch eines analogen f o r m a l e n Umstands der kleinen Illustrationen Erwähnung getan, des unter Praxitelischem Einfluss entstandenen reichen Goldschmucks: so z. B. sind die Flügel der Amoretten stets vergoldet, nachdem ihr Gefieder p l a s t i s c h in einer Gipsgrundierung vormodelliert war. Und zu diesem glänzenden Golde denke man sich die legère hingepinselte Zeichnung in Schwarz-orange und den Massenwert dieser dickbauchigen Ölkännchen als Gesamteindruck.

D i e u n t e r i t a l i s c h e n V a s e n r e i c h e n S t i l s . Der Ausgang der hellenistischen Vasenmalerei findet nicht mehr in Attika statt. Der Peloponnesische Krieg mit seiner Folge, dem Sturz der athenischen Macht in Sizilien, hatte die Kraft einer so sehr auf den Export angewiesenen Industrie gebrochen. Und als innerer Grund kam hinzu, dass der attische Kunstbetrieb

72. Apulische Amphora aus Misanello (Basilicata) in Neapel mit der Sage von Perseus und Andromeda.

und das attische Kunstinteresse sich mehr und mehr von den kleindekorativen Künsten zu der in Gutem und Bösem „reinen Kunst" des etwas langweiligen Praxiteles gewandt hatte. Das italienische G r o s s - g r i e c h e n l a n d tritt nun das Erbe der spätattischen Vasenmalerei an, ohne dass man jedoch von einer w e s e n t l i c h k o n s e q u e n t e n Fortsetzung reden darf. Damit erscheint Italien zum ersten Male in umfassenderem Masse a k t i v in der griechischen Vasengeschichte, obwohl man einmal der Meinung war, es habe auch schon an den früheren Entwicklungsstadien in führender Tätigkeit teilgenommen: Man nannte fälschlich die griechischen Vasen etruskisch, weil sie als Ausfuhrware vor allem in Etrurien gefunden worden waren.

73. Apulische Voluten- und Maskenamphora mit Totenapotheose, in Berlin.

Apulien, Lucanien und Campanien sind die Heimstätten des unteritalischen reichen Stils, der bis in die Diadochenzeit fortexistiert. Wie der athenische Barock sucht er seine Ehre in einer sehr malerischen, überladenen und pompösen Dekoration (Abb. 72) und in gigantesker Grösse seiner Gefässe, zumeist zweihenkeliger Prachtamphoren. Technisch kann seine Zeichnung alles und versucht auch alles. In räumlicher Perspektive postiert sie ihre stark bewegten Figuren, zwischen die sie sich verkürzende Architekturen und Landschaftsrequisiten einzuschieben liebt, immer in mehreren Reihen übereinander, die durch das Bodenmotiv kleinlich punktierter Wellenlinien sich in Stockwerke scheiden. Ein in Analogie recht bunter Farbenauftrag vervollständigt diese mehr für den Moment als für den Dauereindruck berechnete, blendende Effektkomposition: Nicht nur dass wie einst im schwarzfigurigen Stil das weibliche Geschlecht sein weisses Inkarnat zurückerhält, auch die männlichen Körper werden jetzt mit rosiger Fleischfarbe laviert. Hinzu treten noch dunkle Braunrots und ein Weissgelb, das wie das reine Weiss zur Höhung signifikanter Einzelstellen, z. B. auch der Ornamentik

74. Medeia in der Tragödie. Apulische Prachtamphora aus Canosa, in München.

Herakles. Athena.

Im Tempel: König Kreon
und die vergiftete Kreusa

Die Dioskuren.

links die entsetzte
Mutter Merope.

rechts ihr Bruder
Hippotes. Amme.

Dienerin und Pädagoge.
Doryphoros.

Das aufsteigende
Schattenbild des Aetes.

Medea, ihre Knaben
ermordend.

Jason mit Doryphoros
zu Hilfe eilend.

Die wilde Wut mit Brandfackeln,
als Lenkerin von Medeias Drachenwagen.

75. Herakles vergewaltigt ein opferndes Mädchen, dabei das kupplerische Elternpaar. Skenische Burla auf einem apulischen Phlyakenkrater, in Berlin.

in punktuellen Akzenten verwandt wird, so dass Weiss und Gelb oft den koloristischen Grundkontrast von Thonfarbe und Firnisschwarz übertönen. Die zierliche Vergoldung von Schmuckgegenständen, von Waffen oder Rüstungen schliesst sich im ganzen an Attika an. Allerlei gefässplastische Zusätze weisen stets darauf hin, dass diese Vasen sich nicht autonom gestalten, sondern der allein massgebenden Toreutik folgend.

Von den drei unteritalischen Kunstprovinzen ist Apulien mit Tarent entschieden am produktivsten. Hier ist das typische Gefäss die Voluten- und Maskenamphora, deren in elegant modellierten Schwanenhälsen ansetzende Henkel sich schneckenförmig zu Gorgonengesichtern zusammenrollen (Abb. 73). Das Hauptbild dieser vollständig bemalten Amphoren zerfällt seiner Höhe nach in zwei Stockwerke, bisweilen mit einer üppig bunten, perspektivisch gezeichneten Rankenleiste mit Köpfen dazwischen.

Eine grosse Anzahl der apulischen Amphoren sind dem Gräberkult und dem echt hellenistischen Gedanken der Totenapotheose dediziert. Ihre Bilder handeln vom Sterben und der Unterwelt, von der Totenklage und den Totenspenden oder vom

76. Odysseus zwischen zwei Gefährten, befragt den aus der Unterwelt auftauchenden Seher Teiresias. Von einem lucanischen Krater aus Pisticci (Basilicata), in Neapel.

jüngsten Gericht mit der Seelenwägung, Psychostasis. Im beherrschenden Mittelpunkt der Komposition steht das Grabmal, ein kleiner Säulentempel, das Heroon, worin der heroisierte Verstorbene zu sitzen pflegt (Abb. 73). Beiderseits schliesst sich an ihn die Doppelreihe der Totenopfer darbringenden Freunde an. Die Mythologien, die dann noch gleichsam als genereller Kommentar hinzukommen, beschreiben eschatologisch Paradies und Hölle in Einzelhistorien oder in zuständlichen Schilderungen.

Für den unteritalischen Barock ist es psychologisch sehr bezeichnend, dass die andere Hälfte seiner Vasenbilder im Stil von Theaterszenen gedacht sind und dass viele direkt solche nach

77. Der rasende Herakles in der Tragödie: rechts von ihm die entsetzte Megara, hinten im Hypologion: die Raserei, Jolaos und Alkmene. Von einer lucanischen Amphora des Malers Assteas aus Paestum, in Madrid.

einer literarischen Vorlage, besonders nach Euripideischen Tragödien, darstellen. Ein kleiner Säulenbau in der Mitte wie auf den Grabamphoren soll den Königspalast, die Hintergrundsarchitektur der tragischen Bühne, vertreten. In der Zone darüber sitzt vielleicht die Feierlichkeit der unsterblichen Götter, das Theologeion, woher dann auch der Deus ex machina seinen Ausgang nimmt, und wo die Personifikationen der Leidenschaften erscheinen müssen, die als tragische Kräfte, Raserei, Verblendung, Wut, die Handlung des Dramas vorwärtstreiben (s. Abb. 74 u. 77). Die interessanteste der apulischen Tragödiendarstellungen ist wohl die Münchener Medeavase (Abb. 74), welche das ganze Bühnenraffinement einschliesslich der Statisten, des Pädagogen, der Amme und des Speerträgers bringt und alle Fäden der Peripetie wie der Katastrophe entwickelt, freilich nicht ganz ohne stereotype Theatralik.

Genau so wie die spätere Tragödie findet auch die „neue Komödie" auf diesen Vasenbildern ihre Illustration; die neue Komödie, die im Gegensatze zur alten politischen Komödie des Aristophanes eine verwickelte Intrigen- und Charakterkomödie in gleichem Masse darstellt, wie die Psychologie das tragische Hauptinteresse seit Euripides in Anspruch nahm. Diese „nichtsnutzigen Possen" wurden von autochthonen Schauspielern aufgeführt, den P h l y a k e n, den unteritalischen Nachfolgern der klassischen Silene: Derbe Maskenköpfe haben sie und ein kleines Körperlein, das ganz in bunten Trikots steckt, die durch allerlei Kissen für Bauch, Rücken und Extremitäten ausgepolstert werden (Abb. 75). Die vielfarbige Zeichnung solcher vorzüglich auf dem glockenförmigen Krater („vaso a calice") aus der ersten Hälfte des dritten Jahrhunderts erscheinenden Figürchen in Weiss, Gelb, Braun, Rot und Violett ist selbstverständlich nicht mehr linear korrekt, nein, sehr flott und schmierig, die echtesten Karikaturen. Ausser den üblichen Schwanktypen, den Helden von Prügelszenen, Saufereien und Liebschaften inferiorster Ethik, stellen die Phlyakenbilder auch parodistische Gestalten dar, scheuen selbst vor dem Heiligsten nicht zurück, indem sie die zu schon damals unsterblichen Poesien verdichteten Nationalmythen travestieren.

Die Führung in Unteritalien hat Apulien, das die Tradition an die übrigen Landschaften weitergibt: Die Hauptstadt von L u c a n i e n ist das griechische Poseidonia, das seit 273 römische Paestum. Die lucanische Amphora, das Hauptgefäss neben allerlei Kleingerät, ist ziemlich schlank mit prononciert schwerfällig ausgebildeter Mündung, wie überhaupt denn eine e r n s t e S c h w e r f ä l l i g k e i t die lucanische Lokalsignatur ausmacht: Diese Malereien sind weniger bunt als die campanischen und apulischen. Und viel Schwarz kommt vor in grossen haarigen Köpfen mit weiten dunklen Augen. Die ungefüge Zusammengehaltenheit dieser Faltengewänder wird durch keine reichmusternde Ornamentik à la mode persane wie in Attika gemildert. Nur kleine Punktdreiecke, Ringel oder Sternchen tüpfeln sie etwas, regelmässig aber sind sie von breiten schwarzen Säumen eingefasst. Die Kränze, mit denen seit Polygnotos fast jeder Held sein Haupt zierte, werden im lucanischen Stil nicht aufgemalt, sondern ausgespart. Der Boden, auf dem sich diese Gestalten bewegen, ist keine Pünktchenreihe oder die feine weisse Doppellinie der apulischen Vasenbilder, sondern wird durch ganz dicke Kiesel angedeutet. Das Thema ist, wie allenthalben in Unteritalien, der Mythos unter besonderer Berücksichtigung seiner tragödienhaften Ausgestaltung neben dem Phlyakenspiel. Eines der schönsten Stücke, ein Krater aus Pisticci in Neapel, zeigt

78. Ixion auf dem Rad im Tartaros. Von einer schlanken campanischen polychromen Amphora aus Cumae, in Berlin.

Odysseus neben zwei Gefährten an den Pforten des Hades, den hier auftauchenden Seher Teiresias beschwörend (Abb. 76).

Lucanien ist die einzige der drei Landschaften Grossgriechenlands, die Künstlernamen kennt, Assteas, Python und Lasimos, die sämtlich als Maler zeichnen. Dass die Inscription bei den unteritalischen Meistern ausser Brauch kam, liegt an dem rein dekorativen Wert dieser Prachtamphoren, dem's nicht darauf ankam, ausser dem Handwerk auch noch den p e r s ö n l i c h e n Handwerker geltend zu machen. Assteas schildert am liebsten in ziemlichen Schauspielerposen hochdramatische Vorgänge (Abb. 77), obwohl auch die Phlyakenkomödie nicht ausbleibt (Prügelszene in Berlin).

Von C a m p a n i e n war Cumae (Kyme) die Fabrikzentrale, Capua und Nola sind die bedeutendsten Fundstätten. Die Griechenkolonie von Nola importierte aus Attika die bekannten „nolanischen Amphoren", die denn auch nicht ohne Einwirkung auf die campanischen Vasenformen blieben: sehr schmale, zweihenkelige Gefässe mit übergebogenem Mündungsrande nehmen die malerisch breiten, flüchtig gewandten Dekorationen auf. Die Polychromie sucht in ganz deutlichen Zwischentönen zu vermitteln: Bei der Cumaner Ixionamphora in Berlin (Abb. 78) stehen auf schwarzem Grunde teils rote, teils fleischfarbene Figuren mit braunen Verzierungen. Haar und Bart des thessalischen Gottesfrevlers sind naturgetreu gemalt. Impressionistisch von Wirkung züngeln lebendige Flammen um das sich ewig drehende Rad. Neben diesem Impressionismus scheint die hellenistische Keramik Campaniens auch nach der Seite des kunsthandwerklich Plastischen, getriebene und ziselierte Metallgefässe nachahmend, gearbeitet zu haben. —

*   *   *

> Meine Töne sind zerbrechlich
> Wie das Glas, an das ich klinge.
> August von Platen.

Wer die griechischen Vasen als extensiv grosse Kunstwerke ansieht, gibt sich einer Täuschung hin. Die griechischen Vasen sind nichts als das bescheidene Objekt eines Kunstgewerbes, das sich des Ausdrucks flächenhafter Illustrationen bedient. Nur solange letzterer Charakter autonom gewahrt bleibt, sind die Vasen künstlerisch gut. Dennoch liegt andererseits der Wert der griechischen Vasen weniger direkt in ihnen selbst, als darin, dass sie uns das quantitativ reichste Zeugnis für den althellenischen Farbenreichtum darstellen. In dieser Beziehung sind sie eigentlich nur Zeichen anderer Grösse, wenn man ihre so bedeutende Anzahl, die die riesigen und zahlreichen Sammlungen der Alten wie der Neuen Welt erfüllt, nicht etwa als Massenersatz für die originale Anschauung nehmen will. Diese numerisch grosse Zahl der griechischen Vasen, wie sie sich besonders in der Mitte des 19. Jahrhunderts bei den etruskischen Ausgrabungen herausstellte, veranlasste einst den berühmten Münchener Archäologen Heinrich Brunn zu einer heute uns absurd erscheinenden Ansicht, die griechischen Vasen seien eine vor allem für den Bedarf von Mittelitalien fabrizierte Exportware gewesen, die man „zumeist wohl im dritten Jahrhundert v. Chr. im Stil des sechsten und fünften Jahrhunderts angefertigt habe, genau so wie man heute mit bewusster Absicht Arbeiten im gotischen, im Renaissance- und Rokokostil historisch getreu herstellt"! —

Fragen wir uns nun, wo die Höhepunkte in der griechischen Vasengeschichte liegen, so lassen sich, fasst man allein das Künstlerische ins Auge, dafür jene reifschwarzfigurigen attischen Gefässe nennen mit ihrem unendlichen Verständnis der inneren tektonischen Notwendigkeit: mit ihrer weisen Ausnutzung sinnvoller Illustrationen zu einer höchst zierlichen und gleichzeitig höchst monumental geschlossenen Ornamentik. An sich verkörpern sie die reine Entelechie, wenn auch der historische Höhepunkt, die Krisis, auf die alle vorhergehende Entwicklung ihre Richtung nimmt und von der das nachfolgende wie aus einer potentiellen Quelle entspringt, in spätere Zeit fällt, in die Tage des Euphronischen Alterstils.

Man hat nicht immer so geurteilt vom Standpunkt eines möglichst dekorativen Interesses aus. Was in Attika vor dem schönfigurigen Stil angefertigt wurde, lernte man erst in der zweiten Hälfte des 19. Jahrhunderts verstehen, vor Brunn wusste kaum jemand was vom geometrischen Stil und vor Löschke nichts vom mykenischen, und die bunte Fülle altionischer Vasen betrachten wir erst mit der richtigen Farbenfreude, seitdem auch besonders für sie uns Furtwängler die Augen geöffnet.

So mag denn die Geschichte des allmählich wachsenden Verständnisses für die griechischen Vasen ein gar lehrreicher Beitrag zu der grossen Tragikomödie der künstlerischen und historischen Begriffsstutzigkeit sein: Eine so gut gemeinte Idealistik des deutschen Klassizismus vom ausgehenden 18. Jahrhundert scheint zuerst die Renaissance der griechischen Vasen heraufbeschworen zu haben. In Neapel besass der englische Gesandte Sir William Hamilton eine grosse Sammlung von Vasen, meist unteritalischen Ursprungs, die auch Goethe auf seiner italienischen Reise sah. 1791 erschien von ihr eine gross angelegte Publikation von Tischbein. Auch Winckelmann hat sie in mehreren Besuchen studiert, und es ist recht bezeichnend, in w e l c h e m Kunstwerk er das ungetrübteste Hellenentum zu finden meinte: Von der Meidiasvase, dem äusserlich flotten Prunkstück des attischen Barocco (Abb. 69), schreibt er ganz begeistert: „Ich halte mich besonders bei dieser Malerei auf, weil dieselbe das Allerhöchste der Z e i c h n u n g (!) kann genannt werden von dem, was uns irgend in den Werken der Alten übriggeblieben ist." Und wieviel geringer zeigte sich noch die geschichtliche Wesenserkenntnis, als durch die Grabungen des Fürsten Canino in den 20er und 30er Jahren des vorigen Jahrhunderts sich reiche Gelegenheit bot, nun einmal griechische Kunst von ernstester, strengster Vollendung zu erfahren!

Allein, es wäre lächerlich, sich irgendwie zu rühmen, über diese Zeiten gottlob hinauszusein. Es sind umfassende Entdeckungen in der ganzen Weite objektiven Kennenlernens und wissenschaftlichen Wahrheitsuchens, die schon damals sofort einsetzten: Eduard Gerhardi war Archäologieordinarius an der Berliner Universität und Direktor der neugegründeten Museumssammlungen Friedrich Wilhelms III. Der eigentliche Fortschritt aber in der richtigen künstlerischen Wertung der griechischen Vasen gehört doch erst den modernen Zeiten an. Balzac sagt an einer Stelle: „La clef de toutes les sciences est, sans contredit, le point d'interrogation; nous devons la plupart des grandes découvertes au *Comment?* et la sagesse dans la vie consiste peut-être à se demander à tout propos: *Pourquoi?*" Eine neue, rein künstlerische Fragestellung nach dem Vorbilde der jüngeren Kunstgeschichte auch für das Altertum methodisch in Anwendung gebracht zu haben, ist das eminente Verdienst vorzüglich Heinrich Brunns, Adolf Furtwänglers, August Kalkmanns und des Dänen Julius Lange: Des letzteren herrliches Werk über die Darstellung des Menschen in der griechischen Kunst sei als Beispiel empfohlen für das unendlich fruchtbare Verfahren rein künstlerischer Analysen, dem sich dann stets auch das allseitige Wesen bunten Griechentums wie in daseiender Schöpfung erschliessen wird.

In Erfüllung solcher Bedingungen kann die Geschichte der griechischen Vasenmalerei uns Stoff sein zu der Geschichte der griechischen Romantik, die, so notwendig es auch wäre, immer noch nicht geschrieben ist. Walter Pater hat vollkommen recht, wenn er am Schlusse seiner ersten Abhandlung über Demeter und Persephone darzutun sucht, dass der „Leidenskult" der griechischen Religion sehr bekannt gewesen ist, obschon Pater selber mangelnder Stoffkenntnis wegen oft noch im sänftiglichen Klassizismus stecken bleibt. Es wäre besser, statt immer die Antike mit der Renaissance zusammenzuhalten, die tatsächlichen und gedanklichen Fäden zwischen dem Mittelalter und dem Altertume fester zu knüpfen. Denn gehen wir von der lebhaften Buntheit und der innigen Religiosität der Gotik aus zur Betrachtung von Hellas und von seiner Kunst, so ist ganz unermesslich der Gewinn an Farbigkeit der Anschauung für die Kunstwerke und an tiefinnerlicher Empfänglichkeit für religiöse Schauer, an Poikilia und an Deisidaimonia, wie Pater meint.

Inhaltsübersicht

                                                                Seite

Einleitung 5

I. Die Vasen des griechischen Altertums 8

Hissarlik (ca. 2500—1500 v. Chr.) 8
Kreta und Mykenai (2. Jahrtausend v. Chr.) 9
    Inselgefässe (spätes 3. Jahrtausend v. Chr.)
    Kreta (ca. 2000—1788 v. Chr.)
    Mykenai (ca. 1500—1000 v. Chr.)
Die geometrischen Vasen (ca. 1100—600 v. Chr.) . . 13

II. Die Vasen des griechischen Mittelalters und der Interessenkampf zwischen ionischer und dorischer Rasse 15

Die orientalisierende Vasenmalerei der Inseln und der kolonialen Küstenstädte 16
    Kypros (älteste Gefässe 2. Jahrtausend v. Chr., jüngere Gefässe 8. Jahrhundert v. Chr.)
    Kykladen (2. Hälfte des 6. Jahrhunderts v. Chr.)
    Klazomenai (6. Jahrhundert v. Chr.)
    Rhodos (8. und 7. Jahrhundert v. Chr.)
    Melos (7. Jahrhundert v. Chr.)
    Samos (6. Jahrhundert v. Chr.)
    Phokaia (Ionien. 6. Jahrhundert v. Chr.)
    Naukratis und Daphnai (6. Jahrhundert v. Chr.)
    Kyrene (6. Jahrhundert v. Chr.)
    Chalkis auf Euboia (6. Jahrhundert v. Chr.)
    Boiotien (6. Jahrhundert v. Chr.)
    Etrurien (Vasi di bucchero, 5. und 4. Jahrhundert v. Chr.)
Korinth (ca. 650 — nach 550 v. Chr.) 32
    Protokorinthische Vasen (7. Jahrhundert v. Chr.)
    Altkorinthische Vasen (6. Jahrhundert v. Chr.)

III. Von des attischen Reiches Herrlichkeit: Die Klassik der griechischen Vasen 41

    Phaleronkannen (8. und 7. Jahrhundert v. Chr.)
    Die schwarzfigurigen Vasen (1. Periode ca. 600 bis 550 v. Chr., 2. Periode ca. 550—500 v. Chr.) 42

        Tyrrhenische Amphoren (1. Viertel des 6. Jahrhunderts)
        Die Françoisvase (ca. 570 v. Chr.)
        Der reif schwarzfigurige Stil (ca. 550—500 v. Chr.)

    Übergänge und der Epiktetische Kreis (ca. 520 bis 490 v. Chr.) 69

        Die Kleinmeister
        Der Epiktetische Kreis
        Prothesisvasen
        Preisamphoren

    Die streng rotfigurigen Vasen (ca. 500 — nach 460 v. Chr.) 78

        Euphronios ⎫
        Euthymides ⎭ (ca. 500—480 v. Chr.)

        Duris ⎫
        Brygos ⎬ (ca. 485 — nach 460 v. Chr.)
        Hieron ⎭

    Die schönrotfigurigen Vasen (ca. 465 — nach 430 v. Chr.) 103

        Polygnotischer Einfluss (ca. 465—445 v. Chr.)
        Pheidiasischer Einfluss (ca. 445—430 v. Chr.)

    Die bunten attischen Lekythen (ca. 450—350 v. Chr.) 109

IV. Barocco (ca. 430 — nach 300 v. Chr.) 113

    Die attischen Vasen reichen Stils 114
    Die unteritalischen Vasen reichen Stils 118
        Apulien
        Lucanien
        Campanien

Schluss 129

Verzeichnis der Abbildungen nach angezogenen Werken

No.   Seite

1. Alttroische Gefässtypen, in Berlin, nach Olivier Rayet und Maxime Collignon. Histoire de la Céramique Grecque. Paris 1880. pag. 1. Fig. 8 8
2. Altkretische Kamaresvase, nach Illustrierte Geschichte des Kunstgewerbes. Herausgegeben in Verbindung mit anderen von G. Lehnert. Berlin 1907. I. Band. pag. 70. Fig. 52 9
3a. b. c. Mykenische Vasen aus Jalysos auf Rhodos, Bügelkanne, Trinkgefäss und Amphora, nach Adolf Furtwängler und Georg Loeschke. Mykenische Vasen (Atlas). Berlin 1886. Tafel IV, Fig. 24 BX. Tafel VIII, Fig. 49 XXVI. Tafel VI, Fig. 32 XII . 10—12
4. Oberteil einer jüngeren geometrischen Bestattungsamphora mit Totenaufbahrung und Wagenzügen, aus Athen, nach Monumenti inediti. Pubblicati dall' Instituto di Corrispondenza Archeologica. Roma. Vol. IX. Tav. 40. Fig. 1 13
5. Jüngere Vasen von Kypros, nach A. Baumeister. Denkmäler des klassischen Altertums zur Erläuterung des Lebens der Griechen und Römer in Religion, Kunst und Sitte. München und Leipzig 1885—88. III. Band. pag. 1951. Fig. 2080, 2082 16
6. Bild vom Innenrande der ionischen Phineusschale aus Vulci, in Würzburg: König Phineus wird durch die Boreassöhne von den Harpyien befreit und Dionysos mit Gefolge, nach Adolf Furtwängler und Karl Reichhold. Griechische Vasenmalerei (Tafeln). München, F. Bruckmann A. G. Tafel 41 . 18
7. Tonsarkophag aus Klazomenai, in Berlin, nach Antike Denkmäler, herausgegeben vom Kaiserl. Deutschen Archäologischen Institut. Berlin 1898. II. Band, 3. Heft (1895—98). Tafel 26 . . . 20
8. Rhodische Weinkanne aus Kamiros, im Louvre, nach RayetCollignon. pag. 49. Fig. 28 21
9. Euphorbosteller aus Kamiros auf Rhodos, im British Museum, nach Salzmann, Nécropole de Camiros. Paris 1875. Planche 53 22
10. Apollon und Artemis von einem melischen Tongefäss, in Athen, nach Alexander Conze. Melische Tongefässe. Leipzig, Breitkopf & Härtel. Tafel IV 23
11. Samische Amphora mit Negertanz, in Altenburg i. S., nach Johannes Böhlau. Aus ionischen und italischen Nekropolen. Leipzig 1898. pag. 56. Fig. 26 25

Verzeichnis der Abbildungen

No.		Seite
12a. b.	Urteil des Paris von einer ionischen Amphora aus Vulci, in München, nach Furtwängler-Reichhold. Tafel 21	26
13.	Herakles bei Busiris von einer ionischen Hydria aus Caere, in Wien, nach Furtwängler-Reichhold. Tafel 51	27
14.	Silphionhandel vor König Arkesilas. Innenbild einer weissgrundigen Schale von Kyrene, in Paris, nach Mon. Inst. Vol. I. Tav. 47. Fig. A	28
15.	Herakles' Kampf mit dem dreileibigen Riesen Geryoneus, dem Besitzer der Rinderherde, von einer chalkidischen Amphora, in Paris, nach Eduard Gerhard. Auserlesene griechische Vasenbilder. Berlin 1840—58. II. Band. Tafel 105, 106	29
16.	Ziegenherde von einem boiotischen Henkelbecher des Theozotos, im Louvre, nach Wiener Vorlegeblättern für archäologische Übungen. Herausgegeben von Otto Benndorf. Wien, bei A. Hölder. Jahrgang 1888. Tafel I. Fig. 10	31
17.	Sogenannte Anubisvase in bucchero nero, in Palermo, nach Jules Martha. L'art étrusque. Paris 1889. pag. 474. fig. 317	32
18.	Korinthische exvoto-Pinakes für Poseidon und Amphitrite, in Berlin, nach Antike Denkmäler. 1891. I. Band. Tafel 7, Fig. 24, 25	33
19.	Altkorinthische Gefässtypen, aus der Sammlung O. Rayet in Paris, nach Rayet-Collignon. pag. 63. Fig. 33	37
20.	Deckel der Dodwellvase, in München (altkorinthische Pyxis aus Mertesi bei Korinth), nach Lau. Die griechischen Vasen, mit historischer Einleitung von Heinrich Brunn (Tafelband). Leipzig 1877. Tafel 3, Fig. 1a	38
21.	Zweikampf zwischen Aias und Aineas von einem altkorinthischen Gefäss, in Athen, nach Wiener Vorlegeblättern. Herausgegeben von Alexander Conze. III. Serie. Tafel 1, Fig. 3	39
22.	Amphiaraos' Auszug von einer spätkorinthischen Amphora a colonnette aus Caere, in Berlin, nach Mon. Inst. Vol. X. Tav. 4, 5	40
23.	Löwen- und Palmettenfries einer Phaleronkanne aus Analatos, nach Jahrbuch des Kaiserl. Deutschen Archäologischen Instituts. Berlin 1887. II. Band. Tafel 3	41
24.	Kampf um die Leiche des Troilos von einer sogenannten tyrrhenischen Amphora, in München, nach Gerhard. Auserles. Vasenb. III. Band. Tafel 223	42
25.	Krater des Klitias und Ergotimos (Françoisvase) aus der Nekropole von Chiusi, in Florenz, nach Furtwängler-Reichhold. Tafel 3, Fig. 10	43
26.	Kampf der Kraniche und Pygmäen. Fries vom Fusse der Françoisvase, nach Wiener Vorlegebl. II. Serie. Tafel V, Fig. 1a	44
27.	Briseis, die Geliebte Achills. Strengrotfiguriges Pendantbild einer ionischen Modedame von einer Amphora des altertümlichen Töpfers Euxitheos, im British Museum, nach Gerhard. Auserles. Vasenb. III. Band. Tafel 187	47

Verzeichnis der Abbildungen 137

No.		Seite
28.	Olivenernte, Ölgewinnung und Ölhandel auf attischen jüngeren schwarzfigurigen Amphoren, nach Baumeister. II. Band. pag. 1047. Fig. 1259, 1260, 1261	49
29.	Brunnenszene bei der Kallirrhoe von einer Hydria aus Vulci, im British Museum, nach Gerhard. Auserles. Vasenb. IV. Band. Tafel 307	50
30.	Iliupersis (Trojas Zerstörung) von einer schwarzfigurigen Amphora älteren Stils aus Vulci, in Berlin, nach Eduard Gerhard. Etruskische und kampanische Vasenbilder des Königl. Museums zu Berlin. Berlin 1843. Tafel 21	53
31.	Weinlesende Silene. Reversbild einer Amphora schwarzfigurigen Stils aus Vulci, in Rom, nach Gerhard. Auserles. Vasenb. I. Band. Tafel 15	55
32.	Athena, einen Krieger verfolgend, zwischen Streitwagen, Schulterbild, und Herakles und der nemeische Löwe, Bauchbild einer Hydria etruskischen Fundorts, in Rom, nach Gerhard. Auserles. Vasenb. II. Band. Tafel 94 . .	56
33.	Athena-Geburt von einer Amphora etruskischen Fundorts, der ehemaligen Caninoschen Sammlung, nach Gerhard. Auserles. Vasenb. I. Band. Tafel 1	57
34.	Ruderschiffe vom Innenrande eines Deinos des Exekias, in Rom nach Wiener Vorlegebl., Jahrgang 1888. Tafel V, Fig 3b .	55
35.	Dionysos' Meerfahrt. Innenbild einer Schale des Exekias aus Vulci, in München, nach Gerhard. Auserlesene Vasenb. I. Band. Tafel 49	59
36.	Amphora des Amasis, in Paris, mit Athena und Poseidon, auf der andern Seite Dionysos mit Mänaden, nach Wiener Vorlegebl., Jahrgang 1889. Tafel III, Fig. 2d	60
37.	Kampf um die Leiche des Kyknos und Tierfries von einer Oinochoe des Kolchos aus Vulci, in Berlin, nach Gerhard. Auserles. Vasenb. II. Band. Tafel 122, 123	61
38.	Amphora des Nikosthenes mit bakchischem Thiasos, in Wien, nach Wiener Vorlegebl., Jahrgang 1890/91. Tafel I, Fig. 6 .	62
39.	Schale des Glaukythes und Archikles mit Theseus und Minotauros, in München, nach Wiener Vorlegebl., Jahrgang 1899. Tafel II, Fig. 2e	63
40.	Dionysos mit Silenen und Mänaden von einer schwarzfigurigen Hydria des Pamphaios, im British Museum, nach Wiener Vorlegebl. Herausgegeben von Otto Benndorf. Serie D. Tafel VI	64
41.	Anschirren eines Rennwagens auf einer jüngeren attischen schwarzfigurigen Hydria, in Berlin, wahrscheinlich von der Hand des Hischylos, nach Gerhard. Auserles. Vasenb. IV. Band. Tafel 249, 250	65
42.	Herakles schmausend im Beisein Athenens: Von einer auf der einen Seite schwarzfigurigen, auf der andern Seite rotfigurigen Amphora aus Vulci im Stil des Andokides, in München, nach Furtwängler-Reichhold. Tafel 4 . . .	67

No.	Seite

43. Aulet mit Krotalen- (Kastagnetten-)Tänzerin. Innenbild einer Schale des Epiktetos, im British Museum, nach Furtwängler-Reichhold. Tafel 73 70

44. Attische Prothesis-oder Bestattungsvasen (Luthrophoren) in Athen und Berlin, mit Sepulcral- und Hochzeitsdarstellungen, nach Baumeister. III. Band. pag. 1975. Fig. 2114, 2115, 2116 71

45. Die Pallas zwischen Kampfhähnen von einer panathenaischen Preisamphora des beginnenden 3. Jahrh. v. Chr. aus Theuchira, im BritishMuseum, nach Mon. Inst. Vol. X. Tav.48C. 73

46. Rückseite einer panathenaischen Preisamphora des späten 6. Jahrhunderts mit Wettläufern, nach Mon. Inst. Vol. I. Tav. 22. Fig. 6b 75

47a. b. Aussenbild einer Schale des Duris aus Cervetri, in Berlin, mit Szenen aus der attischen Schulstube: Flötenunterricht, Unterricht im Spielen der Kithara, epische Rezitation, daneben die Pädagogen, nach Mon. Inst. Vol. IX. Tav. 54 80, 81

48. Herakles ringt mit bem Riesen Antaios. Von einem Krater des Euphronios aus Caere, im Louvre, nach Furtwängler-Reichhold. Tafel 92, 93 84

49. Hetären, Kottabos spielend, von einem Psykter des Euphronios aus Caere, in St. Petersburg, nach Wien. Vorlegebl. V. Serie. Tafel II. Fig. 2a 85

50. Herakles und Eurystheus. Aussenbild einer in Vulci gefundenen Schale aus dem Atelier des Euphronios, im British Museum, nach Wien. Vorlegebl. V. Serie. Tafel VII. Fig. 3 86

51. Theseus und Amphitrite. Innenbild einer in Caere gefundenen Schale aus dem Atelier des Euphronios im Louvre, nach Furtwängler-Reichhold. Tafel 5 87

52. Knabe mit Hase, dem Symbol der Lieblingsminne. Innenbild einer in Caere gefundenen Schale aus dem Kreise des Euphronios, im British Museum, nach Paul Hartwig. Die griechischen Meisterschalen der Blütezeit des strengen rotfigurigen Stils (Tafelband). Stuttgart und Berlin 1893. Tafel VIII 88

53. Achill verbindet den verwundeten Patroklos. Innenbild einer in Camposcala bei Vulc gefundenen Schale des Töpfers Sosias, jetzt in Berlin, nach Mon. Inst. Vol. I. Tav. 25. 89

54. Hektors Rüstung von einer Amphora des Malers Euthymides, des Sohnes des Polios, aus Vulci, in München, nach Furtwängler-Reichhold. Tafel 14 90

55. Zeus raubt ein schlafendes Mädchen. Innenbild einer unsignierten Schale des Duris, im Louvre, nach Hartwig. Tafel LXVIII 91

56. Ostrakismos der Helden unter dem Präsidium Athenes beim Streit um die Waffen des Achilleus. Aussenbild einer Schale des Duris aus Caere, in Wien, nach Wien. Vorlegebl. VI. Serie. Tafel I 92

Verzeichnis der Abbildungen 139

| No. | Seite |

57. Sich als Akrobaten produzierender Satyrchor von einem Psykter des Duris aus Caere, im British Museum, nach Furtwängler-Reichhold. Tafel 48 93
58a. b. Iliupersis. Aussenbilder einer in Vulci gefundenen Schale aus dem Atelier des Brygos, jetzt im Louvre, nach Furtwängler-Reichhold. Tafel 25 94
59. Rückerlangung der Helena. Von einem Skyphos des Malers Makron und des Töpfers Hieron aus Suessulla, in der Sammlung Spinelli zu Acerra, nach Wien. Vorlegebl. Serie C. Tafel I. Fig. 1 95
60. Dionysischer Gottesdienst. Aussenbild einer Schale des Hieron aus Vulci, in Berlin, nach Wien. Vorlegebl. Serie A. Tafel IV 97
61. Herakles schilt die Argonauten wegen ihrer Untätigkeit auf Lesbos. Polygnotisches Vasengemälde von einem kelchförmigen Krater aus der Nekropole von Orvieto, nach Mon. Inst. Vol. XI. Tav. 38, 39 99
62. Theseus im Amazonenkampfe von einem Aryballos aus Cumae, nach Baumeister. III. Band. pag. 2000. Fig. 2151 . . . 101
63. Wollspinnerinnen bei der Arbeit von der Dose des Megakles, in Paris, nach Baumeister. III. Band. pag. 1995. Fig. 2141 104
64. Becher in Form eines Silenkopfes, nach Baumeister. III. Bd. Tafel 88. Fig. 2047 105
65. Attische Lekythos mit Totenspende aus dem Peiraieus, im Louvre, nach Rayet-Collignon. planche XI. (nach pag. 228) . . 106
66. Grabesszene auf einer attischen Lekythos, in Berlin, nach Otto Benndorf. Griechische und sizilische Vasenbilder, bei J. Guttentag, Berlin. Tafel 26 108
67. Aphrodite in der Muschel. Bemaltes Parfumgefäss, gefunden auf der Halbinsel Taman, jetzt in St. Petersburg, nach Rayet-Collignon. pag. 271. Fig. 103 110
68. Das Ende des kretischen Riesen Talos. Von einem attischen Volutenkrater reichen Stils aus Ruvo, nach Furtwängler-Reichhold. Tafel 38/39 111
69. Die Dioskuren rauben die Töchter des Leukippos und Herakles im Hesperidengarten. Von der Hydria des Meidias, im British Museum, nach Furtwängler-Reichhold. Tafel 8 112
70. Streit Poseidons mit Athena um das Land Attika von einer bei Kertsch gefundenen Hydria des Xenophantos Athenaios, in St. Petersburg, nach Compte rendu de la Commission impériale archéologique pour l'année 1872 (Atlas). St. Petersburg 1872. Planche I 115
71. Cupido auf der Schaukel. Spätattisches kugelförmiges Lekythion, nach Lau. Tafel 23. Fig. 1 117
72. Apulische Amphora aus Misanello (Basilicata) in Neapel

Verzeichnis der Abbildungen

No.		Seite
	mit der Sage von Perseus und Andromeda, nach Mon. Inst. Vol. IX. Tav. 38	119
73.	Apulische Voluten- und Maskenamphora mit Totenapotheose, in Berlin, nach Eduard Gerhard. Apulische Vasenbilder des Königl. Museums zu Berlin. Berlin 1845. Ergänzungstafel B. Fig. 10	121
74.	Medeia in der Tragödie. Apulische Prachtamphora aus Canosa, in München, nach Wien. Vorlegebl. I. Serie. Tafel XII.	122
75.	Herakles vergewaltigt ein opferndes Mädchen, dabei das kupplerische Elternpaar. Skenische Burla auf einem apulischen Phlyakenkrater, in Berlin, nach Archäolog. Jahrbuch. Berlin 1886. I. Band. Figur auf pag. 279	123
76.	Odysseus, zwischen zwei Gefährten, befragt den aus der Unterwelt auftauchenden Seher Teiresias. Von einem lucanischen Krater aus Pisticci (Basilicata), in Neapel, nach Mon. Inst. Vol. IV. Tav. 19	124
77.	Der rasende Herakles in der Tragödie. Von einer lucanischen Amphora des Malers Assteas aus Paestum, in Madrid, nach Mon. Inst. Vol. VIII. Tav. 10	125
78.	Ixion auf dem Rad im Tartaros. Von einer schlanken campanischen polychromen Amphora aus Cumae, in Berlin, nach Annali dell' Instituto di Corrispondenza Archeologica. Roma 1873. Vol. XLV. Tav. d'agg. IK	127

Bemerkung zu den Abbildungen.

Das Abbildungsmaterial des vorliegenden Buches ist aus den reichlich vorhandenen Illustrationen der besten früheren Publikationen nach dem Gesichtspunkte möglichst charakteristischer und mannigfaltiger Typen zusammengestellt. Neupublikationen lagen dagegen nicht in Absicht, da es nur auf die für die Entwicklung wesentlichen Denkmäler, nicht aber auf Entdeckungen von wissenschaftlichen Details ankam. Technisch sind unsere Illustrationen unter regelmässigem Vorzug der korrektesten und besten Wiedergaben teils Tonätzungen, teils Linienumrisse. Aus ersteren mag man die Valeurs ersehen, in denen sich die griechische Graphik bewegt. Zur Rechtfertigung der letzteren sei ein Satz Paul Hartwigs angeführt, der seine sehr plausible Ansicht so formuliert, die Konturen seien in der griechischen Vasenmalerei so sehr die Hauptsache, dass man über den Mangel der Farbenwiedergabe in der Regel hinwegsehen könne.

Die Benutzung der Abbildungen in Furtwängler und Reichhold, Griechische Vasenmalerei geschah mit ausdrücklicher Genehmigung von F. Bruckmann, A.-G., München.

Durch ein Versehen, welches vor der Drucklegung nicht mehr korrigiert werden konnte, ist die Abbildung 27 einer früh strengrotfigurigen Vase als Stück der reif schwarzfigurigen Malerei aufgeführt worden.

Hoeber.

www.ingramcontent.com/pod-product-compliance
Lightning Source LLC
Chambersburg PA
CBHW021713230426
43668CB00008B/819